推进作风革命

加强机关效能建设工作法

王启超　张荣臣
主编

人民东方出版传媒
People's Oriental Publishing & Media
東方出版社
The Oriental Press

图书在版编目（CIP）数据

推进作风革命加强机关效能建设工作法 / 王启超，张荣臣主编 . —北京：东方出版社，2023.3
ISBN 978-7-5207-2936-9

Ⅰ . ①推… Ⅱ . ①王… ②张… Ⅲ . ①国家行政机关—行政管理—工作方法—中国 Ⅳ . ① D630.1

中国版本图书馆 CIP 数据核字（2022）第 144879 号

推进作风革命加强机关效能建设工作法
（TUIJIN ZUOFENG GEMING JIAQIANG JIGUAN XIAONENG JIANSHE GONGZUO FA）

主　　编：王启超　张荣臣
责任编辑：杨润杰
责任校对：金学勇
出　　版：东方出版社
发　　行：人民东方出版传媒有限公司
地　　址：北京市东城区朝阳门内大街 166 号
邮　　编：100010
印　　刷：三河市中晟雅豪印务有限公司
版　　次：2023 年 3 月第 1 版
印　　次：2023 年 3 月北京第 1 次印刷
开　　本：710 毫米 ×1000 毫米　1/16
印　　张：14
字　　数：170 千字
书　　号：ISBN 978-7-5207-2936-9
定　　价：49.80 元
发行电话：（010）85924663　85924644　85924641

前　言

党的十八大以来，习近平总书记高度重视党的作风建设，强调“要以上率下、真抓实干”“踏石留印、抓铁有痕”“要深入开展党的优良传统和作风教育，完善作风建设长效机制，把好传统带进新征程，将好作风弘扬在新时代”。党的二十大报告指出，推进作风建设常态化长效化。这一系列重要论述，为我们在新时代推进干部作风和能力建设提供了根本遵循。

党的十九届六中全会深刻总结党的百年奋斗重大成就和历史经验，指明了我们党实现第二个百年奋斗目标和中华民族伟大复兴的前进方向。党的二十大报告擘画了全面建成社会主义现代化强国的宏伟蓝图和实践路径，深刻指出了以中国式现代化全面推进中华民族伟大复兴的任务书、时间表、路线图。为把习近平总书记擘画的美好蓝图变为现实，确保党中央决策部署落地见效，迫切需要在各级党员干部中大力推进作风革命、效能革命，在工作作风上来一次大转变、在工作效能上来一次大提升。然而，有些地方在中央政策落地、经济社会发展过程中存在一些思想积弊、陈规陋习和突出短板。具体而言，有些党员干部观念保守，抱持“坝子思维”，口头上解放思想但行动上不解放，理论上解放而实践中不解放，不仅让职责“空位”、工作“空转”，甚至贻误了时机、消解了信任。有些地方在产业发展、市场主体、营商环境等方面存在突出短板，在工作中缺乏目标导向、问题导向、结果导向。有一些党员干部出了家门进校门、出了校门进机关，“七种能力”“八项本领”短板明显，不熟悉基层，不懂群众语言，坐在办公室里“心忧天下”，隔着车窗玻璃“调查研究”。

对于这些机关干部和基层工作者来说，工作方法、工作艺术尤为重要。这里面有一系列关系需要处理。比如，工作千头万绪的时候，如何分出个轻重缓急、先后次序？工作琐碎的时候，如何抓住重点？群众思想工作难以做通的时候，如何把握工作的火候和力度？事情难以推进的时候，如何找到解决问题的“钥匙”？如此等等，不一而足。

可以说，机关和基层是一本大百科全书，机关让人学习，基层使人历练。勤学苦练、扎实修炼，谋实效、出实招，工作方法尤为重要。古话讲：“工欲善其事，必先利其器；器欲尽其能，必先得其法。”为此，我们推出了这本《推进作风革命加强机关效能建设工作法》，以期对广大机关干部和基层工作者了解中央政策、学习先进经验和方法、提升工作执行力等有所裨益。

目　录

第三章

严格落实党内法规制度的执行责任制

第四章

调查研究是做好基层工作的一项基本功

第五章

审时应变，提高重大突发事件的处置能力

第六章

做到作风过硬，始终把人民群众放在心中

第九章

坚持正确选人用人导向，把好干部标准落到实处

第十章

发挥好干部考核机制的激励鞭策作用

第一章

坚定不移推进全面从严治党向纵深发展

·政策背景·

十年磨一剑。党的十八大以来，以习近平同志为核心的党中央把全面从严治党纳入“四个全面”战略布局，以前所未有的勇气和定力推进党风廉政建设和反腐败斗争，刹住了一些多年未刹住的歪风邪气，解决了许多长期没有解决的顽瘴痼疾，清除了党、国家、军队内部存在的严重隐患，管党治党宽松软状况得到根本扭转，探索出依靠党的自我革命跳出历史周期率的成功路径，为全面建设社会主义现代化国家开好局、起好步提供了有力政治保障。

党的二十大报告强调，全党必须牢记，全面从严治党永远在路上，党的自我革命永远在路上，决不能有松劲歇脚、疲劳厌战的情绪，必须持之以恒推进全面从严治党，深入推进新时代党的建设新的伟大工程，以党的自我革命引领社会革命。

习近平总书记着眼于推进新时代党的建设新的伟大工程和纪检监察工作高质量发展，提出了“六个必须”：必须坚持以党的政治建设为统领，坚守自我革命根本政治方向；必须坚持把思想建设作为党的基础性建设，淬炼自我革命锐利思想武器；必须坚决落实中央八项规定精神、以严明纪律整饬作风，丰富自我革命有效途径；必须坚持以雷霆之势反腐惩恶，打好自我革命攻坚战、持久战；必须坚持增强党组织政治功能和组织力凝聚力，锻造敢于善于斗争、勇于自我革命的干部队伍；必须坚持构建自我净化、自我完善、自我革新、自我提高的制度规范体系，为推进伟大自我革命提供制度保障。这“六个必须”，系统阐述了“全面从严治党是新时代党的自我革命的伟大实践，开辟了百年大党自我革命的新境界”的深刻关联，对全党同志永葆自我革命精神、增强全面从严治党永远在路上的政治自觉提出了明确要求。在新的历史条件下，要深入学习贯彻习近平新时代中国特色社会主义思想，巩固拓展党史学习教育成果，更加坚定自觉地牢记初心使命、开创发展新局；强化政治监督，确保完整、准确、全面贯彻新发展理念；保持反腐败政治定力，不断实现不敢腐、不能腐、不想腐一体推进的战略目标；加固中央八项规定的堤坝，锲而不舍纠“四风”树新风；加强年轻干部教育管理监督，教育引导年轻干部成为党和人民忠诚可靠的干部；完善权力监督制度和执纪执法体系，使各项监督更加规范、更加有力、更加有效。以永远在路上的坚定执着，继续打好党风廉政建设和反腐败斗争攻坚战持久战，我们就一定能始终保持先进性和纯洁性，不断增强创造力、凝聚力、战斗力，把党建设成为始终走在时代前列、人民衷心拥护、勇于自我革命、经得起各种风浪考验、朝气蓬勃的马克思主义政党。

·实践探索·

习近平总书记指出：“政治生态是检验我们管党治党是否有力的重

要标尺。”先秦典籍《荀子·劝学》中云：“蓬生麻中，不扶而直；白沙在涅，与之俱黑。”人在集体中都会受到周围环境、风气的影响，而党员所受到的各种影响中，最大的来自党内。因此，在党的建设中，净化政治生态十分重要。2015 年 3 月 9 日，习近平总书记在参加十二届全国人大三次会议吉林代表团审议时指出：“做好各方面工作，必须有一个良好政治生态。政治生态污浊，从政环境就恶劣；政治生态清明，从政环境就优良。政治生态和自然生态一样，稍不注意，就很容易受到污染，一旦出现问题，再想恢复就要付出很大代价。”党的二十大报告强调，持续净化党内政治生态。政治生态是检验我们管党治党是否有力的重要标尺。营造风清气正的政治生态，是一项持久的工作。

加强党的建设，必须营造一个良好从政环境，也就是要有一个好的政治生态。我们积极推进全面从严治党，坚定不移“打虎”“拍蝇”，继续纯净政治生态，党风、政风、社会风气继续好转。党要管党丝毫不能松懈，从严治党一刻不能放松。自然生态要山清水秀，政治生态也要山清水秀。

一、如何正确认识以党的政治建设为统领

旗帜鲜明讲政治是我们党作为马克思主义政党的根本要求。党的政治建设是党的根本性建设，决定党的建设方向和效果。党的政治建设是指无产阶级政党为保证其在政治上的先进性和纯洁性，实现既定的政治目标而进行一系列政治方面的建设。它历来是党的建设的根本问题。无论是在革命、建设还是改革时期，党一直把政治建设放在极为重要的位置，并且根据不同时期党所处的历史环境和中心任务确定政治建设的主要内容。可以说，能否搞好党的政治建设，直接关系到中国共产党举什

么旗，走什么路，决定着中国共产党的性质和执政地位，关系到党的前途命运和国家的长治久安，直接决定着党在政治上的先进性和成熟程度，体现了对党的建设规律和党的建设科学化的深刻把握。

1847 年，马克思、恩格斯创立世界上第一个国际性的工人阶级政党——共产主义者同盟时，就提出鲜明的政治任务和目标。1903 年，列宁创立布尔什维克党，进一步明确提出无产阶级政党的政治工作、政治教育工作。中国共产党一诞生，就根据马克思、恩格斯在《共产党宣言》中确立的马克思主义的纲领原则制定了自己的政治纲领。1929 年，毛泽东在《关于纠正党内的错误思想》一文中就明确提出了"从教育上提高党内的政治水平，肃清单纯军事观点"。1939 年，在《〈共产党人〉发刊词》中，毛泽东指出，党的建设过程"同党的政治路线密切地联系着"，并且提出，要建设一个"思想上政治上组织上完全巩固的布尔什维克化的中国共产党"。1945 年，党的七大重申了毛泽东提出的"首先着重在思想上、政治上进行建设，同时也在组织上进行建设"。改革开放后，邓小平多次强调全党要坚持四项基本原则，坚持正确的政治方向。党中央还提出"加强党的政治、思想、理论和组织建设，使党始终成为社会主义事业的坚强领导核心"。1995 年，江泽民在党的十四届五中全会召集人会议上把党的政治建设看作全面加强党的建设的重要方面，首次论述了党的政治建设的 6 个关键环节——政治方向、政治立场、政治观点、政治纪律、政治鉴别力、政治敏锐性，更为具体地论述了党的政治建设内涵。胡锦涛多次强调，全党同志特别是各级领导干部要讲政治、顾大局、守纪律，进一步回答了如何建设执政党的问题。

党的十八大以来，习近平总书记在多个场合强调讲政治的问题，不断强调党的政治建设问题，提出一系列党的政治建设方面的概念。要求各级领导干部加强政治修养，增强政治信念的坚定性、政治立场的原则性、政治鉴别的敏锐性、政治忠诚的可靠性。指出政治纪律是各级党组织和全体党员在政治方向、政治立场、政治言论、政治行为方面必须遵守的规矩，是维护党的团结统一的根本保证，要严格遵守党的政治纪律，提高政治敏锐性和政治鉴别力。指出人民立场是中国共产党的根本政治立场，是马克思主义政党区别于其他政党的显著标志，要求全体党员始终站在人民大众的立场上。指出我们党作为马克思主义政党，必须旗帜鲜明讲政治，严肃认真开展党内政治生活。党的二十大报告强调，加强党的政治建设，严明政治纪律和政治规矩。增强党内政治生活政治性、时代性、原则性、战斗性。近些年来，党内政治生活总体状况是好的。习近平总书记在党的十八届六中全会上指出："但一个时期以来，也出现了一些亟待解决的突出矛盾和问题，主要是：在一些党员、干部包括高级干部中，理想信念不坚定、对党不忠诚、纪律松弛、脱离群众、独断专行、弄虚作假、庸懒无为，个人主义、分散主义、自由主义、好人主义、宗派主义、山头主义、拜金主义不同程度存在，形式主义、官僚主义、享乐主义和奢靡之风问题突出，任人唯亲、跑官要官、买官卖官、拉票贿选现象屡禁不止，滥用权力、贪污受贿、腐化堕落、违法乱纪等现象滋生蔓延。特别是高级干部中极少数人政治野心膨胀、权欲熏心，搞阳奉阴违、结党营私、团团伙伙、拉帮结派、谋取权位等政治阴谋活动。"由于政治生态遭受破坏，在党内的政治生活中出现了一些不正常的现象，有的干部走上违纪甚至违法犯罪道路。腐败表面上看主要是经济问题，但从根本上看还是理想信念动摇、纪律意识淡薄等因素起决定性作用，问题的源头在于不讲政治，丧失政治立场，失去政治信仰，逐渐淡忘了自己的党员身份。

党内政治生活中出现的这些问题，严重侵蚀党的思想道德基础，严重破坏党的团结和集中统一，严重损害党内政治生态和党的形象，严重影响党和人民事业发展。这种状态如果长期持续下去，就必然打击广大干部群众的积极性、影响他们的创造力，也会使他们对中国共产党的领导丧失信心，最终危及党的执政地位，中华民族的伟大复兴也将化为泡影。中国特色社会主义进入新时代，我们党肩负的历史任务是极其光荣而艰巨的，所处的环境发生了重大变化。加强党的政治建设，就是要使党在政治上更加成熟，始终坚持正确的政治方向和政治路线，实施正确的政治领导，巩固党的执政地位，确保党始终成为中国特色社会主义事业的领导核心。

加强党的政治建设要求全党坚定执行党的政治路线。党的政治路线，是党在一定历史时期为解决社会主要矛盾、完成党的主要任务而制定的总方针、总政策，是制定各项具体方针政策的根本指南，是全党政治统一的基础。1980 年初，邓小平在有关会议上的讲话中，讲到必须坚定不移地贯彻执行党的政治路线时说："现在要横下心来，除了爆发大规模战争外，就要始终如一地、贯彻始终地搞这件事，一切围绕着这件事，不受任何干扰。就是爆发大规模战争，打仗以后也要继续干，或者重新干。"他认为，在"文化大革命"期间，由于党的政治路线偏了，经济建设受到了很大的影响，人民吃了很多的苦头，国家遭受了很大的灾难，全党应该深刻地吸取这个教训，树立起建设社会主义现代化强国的雄心壮志，把这件事"扭着不放，'顽固'一点，毫不动摇"。因此，党的建设的最根本的前提，是必须有一条正确的基本路线和一个正确的基本纲领。有了正确的纲领和路线，并坚决地加以贯彻执行，党的建设才有正确的方向，才能给人民带来政治的和经济的利益，党才能得到广大群众的信任和支持，才能把全党和人民群众的力量集中到一个共同的奋斗目标上去。在中国特色社会主义新时代，我们党把马克思主义的基本原理同中国具体实际和时代特征相结合，制定了一条正确的政治路线。共产党员在政治上要和党中央保持完全一致，这就必须坚定不移地、贯彻始终地执行党的政治路线。全党同志只有坚定地执行党的政治路线，党才能不断发展壮大，形成党的凝聚力、吸引力和提高党的战斗力，才能经受住各种风险和考验，我们的事业才能不断取得进步，中华民族伟大复兴的中国梦才能顺利实现。

加强党的政治建设要求全体党员严格遵守政治纪律。政治纪律和政治规矩之于政党，堪称生死攸关的生命线。党的团结统一靠共同的理想信念，靠严密的组织体系，靠全党同志的高度自觉，还要靠严明的纪律和规矩。如果没有铁的纪律和规矩，每个党员都我行我素、各行其是，党就不可能有统一的意志和行动，就会成为一盘散沙，党的战斗力就会被削弱，党的事业就不能蓬勃发展。政治纪律和政治规矩是第一位的纪律和规矩，是全体党员特别是党的领导干部必须严格遵守的基本红线，是严肃党内政治生活、净化党内政治生态的基本保证。习近平总书记深刻论述了党的政治纪律和政治规矩的科学内涵，高度重视、反复强调政治纪律和政治规矩，提出了贯彻落实党的政治纪律和政治规矩的总要求，使全体党员不断增强政治纪律和政治规矩的意识。

加强党的政治建设，要求党员在政治立场、政治方向、政治原则、政治道路上同党中央保持高度一致。长征时期，毛泽东给军队规定的三大纪律中有一条是“不拿群众一针一线”，这是爱人民的突出表现。1942 年 5 月，毛泽东在延安文艺座谈会上的讲话中指出：“立场问题。我们是站在无产阶级的和人民大众的立场。”党的唯一宗旨是全心全意为人民服务。围绕这一宗旨，习近平总书记在庆祝中国共产党成立 95 周年大会上的讲话中指出：“人民立场是中国共产党的根本政治立场，是马克思主义政党区别于其他政党的显著标志。”党的根基在人民，党的立场在人民。站稳了人民立场，我们就有信心、有底气，就能干成事、成大业。全体党员“要着力践行以人民为中心的发展思想”，“不断解决好人民最关心最直接最现实的利益问题，努力让人民过上更好生活”。2021 年 2 月 25 日，习近平总书记在全国脱贫攻坚总结表彰大会上庄严宣告：“经过全党全国各族人民共同努力，在迎来中国共产党成立一百周年的重要时刻，我国脱贫攻坚战取得了全面胜利，现行标准下 9899 万农村贫困人口全部脱贫，832 个贫困县全部摘帽，12.8 万个贫困村全部出列，区域性整体贫困得到解决，完成了消除绝对贫困的艰巨任务，创造了又一个彪炳史册的人间奇迹！”一句句饱含深情的话语，彰显着人民领袖对人民的赤子之心！

同样，在政治方向、政治原则、政治道路的问题上，中国特色社会主义是当代中国发展进步的根本方向，党在社会主义初级阶段的基本路线是党和国家的生命线、人民的幸福线。党员干部在不断发展中国特色社会主义，全面贯彻党的基本路线的政治方向上，任何时候都不能有丝毫的偏离和放松。全体党员要充分认识中国特色社会主义是改革开放以来党的全部理论和实践的主题，是党和人民历尽千辛万苦、付出巨大代价取得的根本成就，自觉地增强道路自信、理论自信、制度自信、文化自信，在新时代中国特色社会主义的伟大实践中，用习近平新时代中国特色社会主义思想武装自己，更加自觉地为实现新时代党的历史使命不懈奋斗。

党章就是党的根本大法，是全党必须遵循的总规矩，加强政治建设就要尊崇党章。全党学习贯彻党章的水平，决定着党员队伍党性修养的水平，决定着各级党组织凝聚力和战斗力的水平，决定着全面从严治党的水平。党的十八大以来，党中央高度重视党章党规党纪的学习贯彻。在十八大通过新修订的党章之后，习近平总书记在十八届一中全会上向全党发出“认真学习党章、严格遵守党章”的号召，指出，“没有规矩，不成方圆。党章就是党的根本大法，是全党必须遵循的总规矩。在各级党组织的全部活动中，都要坚持引导广大党员、干部特别是领导干部自觉学习党章、遵守党章、贯彻党章、维护党章”。在十八届中央纪委二次、三次、五次全会上，习近平总书记都对学习贯彻党章提出了要求，特别是 2016 年的十八届中央纪委六次全会上，他旗帜鲜明地提出，全面从严治党首先要尊崇党章，再次重申了党章的重要地位。2023 年 1 月 9 日，习近平总书记在二十届中央纪委二次全会上再次强调，每一个共产党员特别是领导干部都要牢固树立党章意识，更加自觉地学习党章、遵守党章、贯彻党章、维护党章，用党章党规党纪约束自己的一言一行。不论是高级干部还是普通党员，要做合格党员，学习贯彻党章都是第一位的要求。各级党委和纪委要首先加强对维护党章、执行党的路线方针政策和决议情况的监督检查，确保党的集中统一，保证党中央政令畅通。各级纪委要全面履行党章赋予的职责，带头尊崇党章，把维护党章和其他党内法规作为首要任务，加强对遵守党章、执行党纪情况的监督检查，严肃查处违反党章党规党纪的行为，坚决维护党章权威，做党章的坚定执行者和忠实捍卫者。

严肃党内政治生活是全面从严治党的基础。党要管党，首先要从党内政治生活管起；从严治党，首先要从党内政治生活严起。加强党的政治建设就必须增强党内政治生活的政治性、时代性、原则性、战斗性，全面净化党内政治生态。增强党内政治生活的政治性，就是党内政治生活要把握坚定正确的政治方向，引导党员、干部自觉维护党中央权威、维护党的团结和集中统一。增强党内政治生活的政治性，核心是坚持“民心是最大的政治”，中国共产党必须把努力提高人民群众的生活水平作为自己的基本职责，把党中央关爱民众、改善民生的决策部署落实到党和国家各项工作中去，把人民群众对美好生活的向往不断变为现实。共产党人必须坚守共产党人的政治灵魂，做到在党爱党、在党言党、在党忧党、在党为党。要切实增强政治定力，倍加珍惜、始终坚持、不断发展中国特色社会主义。增强党内政治生活的时代性，就是党内政治生活要紧跟时代步伐、聆听时代声音、回答时代课题，及时发现和解决党内出现的新问题，使党内政治生活始终充满活力。每个时代有每个时代的任务，每个时代有每个时代的特点，党内政治生活只有紧跟时代步伐，找准历史方位，准确把握时代要求，才能体现时代性，把握规律性，富于创造性，实现与时俱进，取得实际成效。增强党内政治生活的原则性，就是党内政治生活要坚持党的思想原则、政治原则、组织原则、工作原则，按原则处理党内各种关系，按原则解决党内矛盾和问题。所有党员干部都要牢记自己的第一身份是党员，按照党的规矩行事，把捍卫原则作为责任和使命，使讲原则、守原则在党内蔚然成风。增强党内政治生活的战斗性，就是党内政治生活要旗帜鲜明坚持真理、修正错误，勇于开展批评和自我批评，使每个党组织都成为激浊扬清的战斗堡垒，使每个党员都成为扶正祛邪的战斗员。还要处理好批评与妄议的关系。对党员的正当权利，党组织要保障。对于那些妄议中央大政方针、破坏党的集中统一的，要按规定严肃处理。

加强政治建设，还要不断完善和落实民主集中制的各项制度，弘扬忠诚老实、公道正派、实事求是、清正廉洁等价值观，坚决防止和反对个人主义、分散主义、自由主义、本位主义、好人主义，坚决防止和反对宗派主义、圈子文化、码头文化，坚决反对搞两面派、做两面人，每位共产党员都要把对党忠诚、为党分忧、为党尽职、为民造福作为根本政治担当，永葆共产党人政治本色。

总之，要坚持以党的政治建设为统领，坚决维护党中央权威和集中统一领导。党中央作出的决策部署，所有党组织都要不折不扣贯彻落实，始终在政治立场、政治方向、政治原则、政治道路上同党中央保持高度一致。任何时候任何情况下，党的领导干部在政治上都要站得稳、靠得住，对党忠诚老实、与党中央同心同德，听党指挥、为党尽责。要深刻认识共产主义远大理想和中国特色社会主义共同理想的辩证关系，既不能离开发展中国特色社会主义事业、实现民族复兴的现实工作而空谈远大理想，也不能因为实现共产主义是一个漫长的历史过程就讳言甚至丢掉远大理想。

二、如何理解全面从严治党要靠铁的纪律

全面从严治党，关键是要有铁的纪律。没有严格约束和严格执纪，党的凝聚力、战斗力就会成为无源之水、无本之木，就不可能把党管好、治好、建设好。古人说：“欲知平直，则必准绳；欲知方圆，则必规矩。”没有规矩不成其为政党，更不成其为马克思主义政党。2014 年 5 月 9 日，习近平总书记在指导河南省兰考县委常委班子专题民主生活会时指出，我们这么大一个政党，靠什么来管好自己的队伍？靠什么来战胜风险挑战？除了正确理论和路线方针政策外，必须靠严明规范和纪律。我们提出那么多要求，要多管齐下、标本兼治来落实，光靠觉悟不

够，必须有刚性约束、强制推动，这就是纪律。他还进一步指出，党要管党、从严治党，靠什么管，凭什么治？就要靠严明纪律。回顾党的历史，整风时期，毛泽东形象地指出，孙行者头上套的箍是金的，共产党的纪律是铁的，比孙行者的金箍还厉害，还硬。党的纪律是党的生命线。严格的纪律性是保持党的创造力、凝聚力、战斗力的重要保障。2019 年 7 月 9 日，习近平总书记在中央和国家机关党的建设工作会议上强调："要严字当头，把纪律的螺丝拧得紧而又紧。"这反映了新时代加强纪律建设的内在要求，是对用铁的纪律推进全面从严治党的郑重宣示。因此，管党治党的根本，就是要靠依规治党、严明纪律。党面临的形势越复杂、肩负的任务越艰巨，就越要保持党的团结统一。党的团结统一靠什么来保证？要靠共同的理想信念，靠严密的组织体系，靠全党同志的高度自觉，还要靠严明的纪律和规矩。如果纪律松弛、规矩不彰，治党不力、管党不严，党组织就会成为一盘散沙，失去凝聚力和战斗力。党的二十大报告强调，全面加强党的纪律建设。强化纪律建设，把纪律立起来、严起来，才能够确保全党形成统一意志、统一行动、步调一致的有机体，才能够确保党有效发挥坚强领导核心作用。

党规党纪是坚决不能触碰的底线、雷区、红线，要把党规党纪作为管党治党的底线和标尺。尺子上面有非常规范和精准的刻度，才最终成为测量物体长度的准绳。党的纪律也是一样，党的纪律是多方面的，党章党规党纪字字句句都非常清楚，用纪律的底线和标尺去衡量、规范、约束党员干部的行为，就是要把党的纪律要求严格贯穿党的建设各项工作，严格用党章党规党纪来维护党的理想信念宗旨、建强党的组织、纯洁党的队伍、严肃党内生活、改进党的作风，把党的纪律要求贯穿于党的政治建设、思想建设、组织建设、作风建设、纪律建设和制度建设的各领域、各方面、各环节，融入党的肌体细胞、落实到对每一名党员干部的日常管理监督之中，真正做到一把尺子量到底，一寸不让，使我们党永葆先进性。党的十八大以来，中央查处了周永康、薄熙来、徐才厚、郭伯雄、令计划、苏荣等严重违纪违法案件，一些地方和领域出现的塌方式腐败、整体性沦陷，令人触目惊心。“矩不正，不可为方；规不正，不可为圆。”综观这些贪腐案件发生的轨迹，究其根源，一切腐败现象都肇始于对政治纪律的漠视，而政治上的蜕变无疑是全面堕落的起点。因此，严明政治纪律和政治规矩不仅是当前管党治党的首要任务，也是全面深入推进党风廉政建设和反腐败斗争的重要基础。2018年修订的《中国共产党纪律处分条例》虽然整体精简近8000字，但政治纪律方面内容有所增加，第四十四条到第六十九条规定了违反政治纪律行为的处分规定，主要分为四类违纪行为：一是在重大原则问题上不与中央保持一致行为；二是危害党的团结统一行为；三是对党不忠诚不老实行为；四是干扰巡视巡察工作或者不落实巡视巡察整改要求。这充分体现了党的十八大以来管党治党在严肃政治纪律和政治规矩方面的成果。

严明的纪律是维护党的纯洁性的有力保证。党的十八大以来，以习近平同志为核心的党中央多管齐下推动全面从严治党，把党的纪律和规矩挺在国家法律前面、挺在全体党员面前、挺在正风反腐最前线。在党的十八届四中全会第二次全体会议上，习近平总书记就指出7种无视党的政治纪律和政治规矩情况，即“搞任人唯亲、排斥异己的有之，搞团团伙伙、拉帮结派的有之，搞匿名诬告、制造谣言的有之，搞收买人心、拉动选票的有之，搞封官许愿、弹冠相庆的有之，搞自行其是、阳奉阴违的有之，搞尾大不掉、妄议中央的也有之”。进而向全党提出要严明党的纪律，首要的就是严明政治纪律的要求。党纪是在法律底线之前设下的一道防线，把纪律挺在法律前面，就是要把管党治党的防线从法律拉回到纪律上来，严格用党章党规党纪约束党员干部的行为，一发现苗头问题就及时“拉警笛”，一碰纪律红线就马上“踩刹车”。对党员干部而言，不仅要守住国法底线，更要守住党纪红线。只有切实做到纪在法前，坚持党纪严于国法，才能使广大党员干部严守纪律、不触碰红线。新时代，仍然要继续把纪律挺在前面。把纪律挺在全体党员面前。就是要用纪律来约束和管住全体党员干部，身为党员，铁的纪律就必须执行，纪律面前没有“丹书铁券”、没有“铁帽子王”。党员遵守党的纪律是无条件的，不能把纪律作为一个软约束或是束之高阁的一纸空文。纪律松弛、组织涣散必然导致不正之风蔓延，腐败问题滋生。比如，借公务接待之机大吃大喝。公款大吃大喝属于过度职务消费、奢侈浪费问题，容易造成腐败作风，一直为百姓所诟病。大量事实表明，领导干部腐化堕落往往都是从搞不正之风和不守纪律开始的。只有把纪律挺在正风反腐前线，坚持抓早抓小抓苗头，才能防止党员干部小错酿成大错，违纪走向违法。加强纪律建设，严格纪律约束，必须把纪律挺在正风反腐的最前线。就是要更加注重纪律建设，切实抓好纪律教育、纪律监督、纪律执行、纪律维护，形成不敢腐、不能腐、不想腐的有效机制。

没有规矩，不成方圆，有纪可依是严明纪律的先决条件。鉴于国际和国内形势的变化，我们需要不断改进党的纪律规则，完善体制框架，确保党内法规建设与时俱进。依规治党，首先需要制定纪律和规则。法律体系是基本的、长期的、稳定的。为了消除不良作风和腐败的滋生环境，我们要依靠法律和法规。只有建好制度、立好规矩，将法规建设贯穿反腐败领域，落实到限制和控制权力的方方面面，发挥激励和约束作用，才能筑起遏制腐败蔓延的“堤坝”，才能促进形成不敢腐、不能腐、不想腐的有效机制。我们必须制定新的法律和法规，改进现有的法律和法规，废除不适用的法律和法规，并努力建立一个系统的、全面的法律和法规体系，以确保公平和廉洁。党的十八大以来全面从严治党，党风廉政建设成效显著，反腐败工作取得了压倒性胜利。因此，在打击腐败的斗争中，既要根据腐败的症状，寻找治疗腐败的方法，防止腐败蔓延和消除腐败根源，更要加强反腐败法规制度建设。

为了建立健全党内制度体系，必须把党章作为根本依据。党章是总章程、总规矩，是党的根本大法。为了全面管理一个有严格纪律的政党，我们首先必须遵守党章。我们必须把遵循党章作为一个根本遵循，并以严格的纪律维护其权威。我们必须建立一个基于党章的内部监管体系，并有一系列党内规则的支持。2013 年 11 月出台的《中央党内法规制定工作五年规划纲要（2013—2017 年）》就将《中国共产党纪律处分条例》的修订作为加强党内法规建设的一项重要任务。党的十八大和十八届三中、四中全会都对加强党内法规建设进行了重要部署，习近平总书记在十八届中央纪委五次全会上就条例的修订提出明确要求，并将其列入 2015 年的重点工作，党的十八届五中全会审议通过了《中国共产党廉洁自律准则》和《中国共产党纪律处分条例》。习近平总书记指出，新修订的准则和条例，全面梳理了党章对党员、干部的纪律要求和廉洁自律要求，是对党章规定的具体化。要认真执行这两项法规，把党章权威树起来、立起来。产生腐败的一个主要原因是一些系统和机制存在漏洞，改进党内法规和制度旨在消除这些漏洞。为了解决过去制度建设的问题，我们必须坚持宏观思维和总体规划。我们不仅要遵守党章的基本原则和精神，遵守国家法律和法规，还要与其他领域的法律和法规相协调，以增加它们的共同影响。我们需要全面、协调地加强反腐败法规建设，明确界定权利和义务、奖励和惩罚，以便执行、监督、检查和追究责任。要坚持依规治党和以德治党相结合，坚持高标准与守底线相结合，准则坚持正面倡导，特别注意道德原则，这是一个高标准；条例围绕党纪戒尺要求，重在立规，是不可触碰的底线。

法律和条例的可持续性在于执行。制定纪律的目的就是要执行。各级党组织必须有勇气管理权力，确保严格遵守“铁”的规则和禁令。习近平总书记指出，好的法规制度如果不落实，只是写在纸上、贴在墙上、编在手册里，就会成为“稻草人”、“纸老虎”，不仅不能产生应有作用，反而会损害法规制度的公信力。因此，我们需要更大的努力来制定规则和规定，但更重要的是，我们需要更大的努力来执行规则，并果断地纠正诸如恶意规避和肆意无视规则和规定等现象。制度面前人人平等，没有例外。任何违反党的纪律和国家法律的人都将受到严肃追究和严厉惩处，不管他的职位有多高。

早在瑞金时期，毛泽东就严惩了于都县一批集团贪污案，将贪污数额最大的县委军事部长等 4 人枪决，其余的公审依法处理。中华人民共和国成立之初，早在 20 世纪 30 年代就已入党的刘青山、张子善，本是党的优秀年轻干部，但是因为没有经受住考验，贪污盗窃国家资财，严重触犯了法纪，亦受到了严惩。2015 年 2 月 2 日，习近平总书记在谈及党纪国法的威严时说：“党纪国法不能成为‘橡皮泥’、‘稻草人’，无论是因为‘法盲’导致违纪违法，还是故意违规违法，都要受到追究，否则就会形成‘破窗效应’……法治之下，任何人都不能心存侥幸，都不能指望法外施恩，没有免罪的‘丹书铁券’，也没有‘铁帽子王’。”

各级党委（党组）就要敢抓敢管、严格执纪，把全面从严治党政治责任担负起来。开展法规制度教育，引导党员干部懂法纪、明规矩，知敬畏、存戒惧。党的各级组织要积极探索纪律教育经常化、制度化的途径，多做提提领子、扯扯袖子的工作，使党员、干部真正懂得，党的纪律是全党必须遵守的行为准则，严格遵守和坚决维护纪律是做合格党员、干部的基本条件。

三、如何深化对于管党治党规律的认识

党的十八大以来，我们紧紧盯住全面从严治党不力这个症结，坚持发扬党的历史上行之有效的好经验好做法，深化对管党治党规律的认识、创造新的经验，全面从严治党成效卓著。成绩来之不易，经验弥足珍贵，需要我们长期坚持、不断深化。

第一，坚持思想建党与制度治党相统一，既要解决思想问题，也要解决制度问题，把坚定理想信念作为根本任务，把制度建设贯穿党的各项建设。

全面从严治党靠教育，也靠制度，二者一柔一刚，要同向发力、同时发力。思想建党是我们党的独特优势。思想建党的根本任务，就是解决好党员干部世界观、人生观、价值观这个“总开关”问题。“总开关”没拧紧，不能正确处理公私关系，缺乏正确的是非观、义利观、权力观、事业观，各种出轨越界、跑冒滴漏就在所难免了。思想是行动的先导。思想上松一寸，行动上就会散一尺。思想认识问题一时解决了，不等于永远解决。就像房间需要经常打扫一样，思想上的灰尘也要经常打扫，镜子要经常照，衣冠要随时正，有灰尘就要洗洗澡，出毛病就要治治病。思想教育要突出重点，加强党性和道德教育，引导党员、干部坚

定理想信念，坚守共产党人精神追求。2022 年 1 月 18 日，习近平总书记在十九届中央纪委六次全会上的讲话中指出：“要加强年轻干部教育管理监督，教育引导年轻干部成为党和人民忠诚可靠的干部。要从严从实加强教育管理监督，引导年轻干部对党忠诚老实，坚定理想信念，牢记初心使命，正确对待权力，时刻自重自省，严守纪法规矩，扣好廉洁从政的‘第一粒扣子’。”党员、干部必须认真学习马克思列宁主义、毛泽东思想、中国特色社会主义理论体系、习近平新时代中国特色社会主义思想，自觉用贯穿其中的立场、观点、方法武装头脑、指导实践、推动工作，始终不渝为中国特色社会主义共同理想而奋斗。要加强警示教育，让广大党员、干部受警醒、明底线、知敬畏，主动在思想上划出红线、在行为上明确界限，真正敬法畏纪、遵规守矩。思想教育要结合落实制度规定来进行，抓住主要矛盾，不搞空对空。

注重思想建党和制度治党相统一，是党的十八大以来以习近平同志为核心的党中央推进全面从严治党的鲜明特征。从思想建党方面来看，党的十八大以来，通过党的群众路线教育实践活动、“三严三实”专题教育、“两学一做”学习教育、“不忘初心、牢记使命”主题教育等，使党员、干部普遍受到了马克思主义思想教育。2014 年 1 月 14 日，习近平总书记在十八届中央纪委三次全会上的讲话中指出：“把权力关进制度的笼子里，首先要建好笼子。笼子太松了，或者笼子很好但门没关住，进出自由，那是起不了什么作用的。”从制度治党方面而言，党的十八大以来，制度治党也已经驶入了快车道，修订颁布了一大批重要党内法规。在从严治党实践中，只有把教育和制度有机统一起来，才能最大限度地发挥教育和制度各自的优势，弥补各自的局限，从而使教育和制度相得益彰，把从严治党真正落实到位。坚持思想建党和制度治党相统一，是对党的建设历史经验的科学总结，也是对全面从严治党特点和规律认识的深化。

第二，坚持使命引领与问题导向相统一，既要立足当前、直面问题，在解决人民群众最不满意的问题上下功夫，又要着眼未来、登高望远，在加强统筹谋划、强化顶层设计上着力。

1840年以来，深受帝国主义、封建主义、官僚资本主义“三座大山”压迫的中国人民，经济上被压榨，政治上被剥夺，文化上被奴役，被西方帝国主义列强蔑称为“东亚病夫”。没有一种担当，比肩负民族的前途命运更为伟大；没有一项使命，比实现人民的共同梦想更为崇高。历史的长河大浪淘沙，也昭示历史担当者的风采。实现中华民族伟大复兴是近代以来中华民族最伟大的梦想，谁能够承担起这个历史使命，谁就能赢得中国各民族人民的衷心拥护，成为中华民族的主心骨。中国共产党团结带领中国人民，浴血奋战、百折不挠，推翻了“三座大山”，成立了人民当家作主的中华人民共和国。从站起来、富起来到强起来，历经磨难自强不息的中国人民，距离实现民族复兴的宏伟目标从未如此之近。从伟大事业铸就，在伟大斗争中激荡，以伟大工程为支撑，向伟大梦想进发，在习近平新时代中国特色社会主义思想指引下，“中国号”巨轮破浪前进，在新征程上谱写新的伟大篇章。新时代，中国共产党肩负着无比神圣的使命：承载着近代以来最伟大的梦想，中国共产党引领亿万人民奋进在伟大复兴的新航程。使命是方向，问题是导向。中国共产党肩负崇高的使命，这是我们前进的动力。要履行好使命就要坚持问题导向，从解决人民群众最迫切的问题出发、在他们最不满意的问题上下功夫。问题是时代的声音，人心是最大的政治。牢记职责使命、解决突出问题，是全面从严治党的根本途径。推进全面从严治党向纵深发展，关键就是要坚持使命引领和问题导向相统一。葆有崇高使命感，才能砥砺直面问题的勇气，激发解决问题的紧迫感；牢固树立问题导向意识，才能真正体现责任与使命。党的十八大以来，以习近平同志为核心的党中央突出问题导向，坚持“人民群众反对什么、痛恨什么，我们就要坚决防范和纠正什么”。“不得罪成百上千的腐败分子，就要得罪十三亿人民。这是一笔再明白不过的政治账、人心向背的账！”时代是出卷人，我们是答卷人，人民是阅卷人。着力解决了管党治党和执行纪律失之于宽、失之于松、失之于软的问题，取得了管党治党的巨大成就，赢得了人民群众的支持和拥护。

要做到习近平总书记提出的“重整行装再出发，以永远在路上的执着把全面从严治党引向深入，开创全面从严治党新局面”，就需要以“千磨万击还坚劲，任尔东西南北风”的定力扭住问题，以“新松恨不高千尺，恶竹应须斩万竿”的姿态扶正祛邪，在继承创新中把全面从严治党推向纵深。

第三，坚持抓“关键少数”与管“绝大多数”相统一，既对广大党员提出普遍性要求，又对“关键少数”特别是高级干部提出更高更严的标准，进行更严的管理和监督。

领导干部是我们党执政的骨干力量，也是管党治党的组织者、推动者和实践者。因此，全面从严治党，要抓实领导干部这个“关键少数”。“风成于上，俗化于下。”“关键少数”一旦出问题，对党的形象损害更大，对战斗力的损害更大。习近平总书记一直十分重视“关键少数”，部署各项工作，他总是要将“关键少数”突出讲。在脱贫攻坚问题上，他强调“党政一把手要当好扶贫开发工作第一责任人”；在深化改革问题上，他强调“党政主要负责同志要亲力亲为抓改革，扑下身子抓落实”；在管党治党的问题上，他更加强调“关键是要抓住领导干部这个‘关键少数’，从严管好各级领导干部”。党的十九届六中全会明确要求，落实主体责任和监督责任，强化监督执纪问责，把全面从严治党贯穿于党的建设各方面。领导干部作为“关键少数”，既是全面从严治党的对象，也是全面从严治党的重要主体。各级纪检监察机关要深入学习贯彻习近平新时代中国特色社会主义思想和党的二十大精神，紧紧扭住责任制这一“牛鼻子”，抓牢领导干部这一“关键少数”，持续推动全面从严治党向纵深发展。在习近平总书记看来，领导干部既负有领导责任，也负有示范责任。上面偏出一尺，下面就要跑出一丈。领导干部只有带好头、做榜样，才能成为无声的命令，产生强大的感召力。实践告诉我们，治党重在治官，“锄一害而众苗成，刑一恶而万民悦”。全面从严治党，“全面”意味着“全覆盖”。党中央多次强调要“推动全面从严治党突出‘关键少数’并向基层延伸”，这既是实践经验的总结，又是对管党治党规律的把握。在全面从严治党中，既把“关键少数”作为关键来抓，又把“绝大多数”作为大头来管；既要求“关键少数”正人先正己，又要求“绝大多数”见贤要思齐。当“关键少数”的示范作用和“绝大多数”的规模效应结合起来，全面从严治党就有了向纵深推进的不竭动力。

第四，坚持行使权力与担当责任相统一，真正把落实管党治党政治责任作为最根本的政治担当，紧紧咬住“责任”二字，抓住“问责”这个要害。

权力就是责任，有责就要担当。有权必有责，用权必担责，滥权必追责。对共产党人来说，没有离开责任的权力，党和人民赋予权力的时候，更是压上了责任，权力有多大，责任就有多大，担当就得有多大。

权力的行使与责任的担当紧密相连，有权必有责，权责要对等。党和人民把神圣的权力交给我们，给我们提供为人民服务的舞台，这是对我们的信任，每个干部特别是领导干部都要有责任感，有担当精神。习近平总书记多次强调，不明确责任，不落实责任，不追究责任，从严治党是做不到的。“秉纲而目自张，执本而末自从。”责任贯穿监督、执纪、问责全部过程，承载着党性、党纪、党风全部要求，构成管党治党的“本”之所在。党的十八大以来，以习近平同志为核心的党中央牢牢抓住管党治党责任这个“牛鼻子”，把主体责任和监督责任贯穿始终，用层层压实责任的“战术抓手”，厚植全面从严治党的政治基础。习近平总书记在十九届中央纪委二次全会上强调：“各级党委（党组）就要敢抓敢管、严格执纪，把全面从严治党政治责任担负起来。”各级党委（党组）肩负管党治党主体责任，党委（党组）书记是第一责任人，决不能当“甩手掌柜”，要切实把管党治党当作分内之事、应尽之责，真正把担子担起来，种好自己的“责任田”。比如，有的党组织没有把党要管党、从严治党的政治责任担当起来，一些领导干部党的观念淡薄，组织涣散、纪律松弛，对党的政策阳奉阴违。这些问题解决不好，党的建设就会出大问题。各级党委要从“事关党的执政地位巩固，事关党同人民群众的血肉联系”的高度，认识主体责任的政治属性，不断强化管党治党的使命感责任感，做政治上的“明白人”。领导干部必须旗帜鲜明地履行好党赋予的职责，把党要管党、从严治党的政治责任放在心上、扛在肩上、落实到行动上，重要工作亲自部署，重大问题亲自过问，重点环节亲自协调，一级抓好一级，层层传导压力，不折不扣地把各项政治要求落实到位。

没有问责，责任就落实不下去。动员千遍，不如问责一次。党内有一些紧迫的问题需要解决，其中之一就是缺乏使命感和责任感。一些领导干部只想要权力，不想承担责任。当他们被赋予重要任务时，他们对自己的工作不负责。当问题出现时，他们只是逃避责任。有的搞好人主义、一团和气，对管辖范围内领导干部出现的严重问题心知肚明，却不批评不报告，等干部被审查了还说“感到很惊讶”，或者马后炮地说“早就发现有问题”，不自觉反省、不主动担责，甚至没有自我批评。有权力无责任是政党治理的主要禁忌。如果领导干部不承担责任，我们的政党就无法克服风险和挑战，全面从严治党也无从谈起。[1]落实全面从严治党，要用好问责这个利器，以强有力问责唤醒责任意识。重点要围绕管党治党中存在的紧迫问题开展一批问责、曝光一批典型，让失责必问、问责必严成为常态，以严肃问责倒逼全面从严治党落到实处。要把问责贯穿监督执纪的全过程，紧盯突出问题、紧盯“关键少数”问责，并建立长效机制“终身问责”。对失职失责性质恶劣、后果严重的，不论其责任人是否调离转岗、提拔或者退休，都要把责任追究到位。对在党的建设和党的事业中不履行或不正确履行职责的问题坚决问责。

第五，坚持严格管理与关心信任相统一，坚持真管真严、敢管敢严、长管长严，贯彻惩前毖后、治病救人的一贯方针，抓早抓小、防微杜渐，最大限度防止干部出问题，最大限度激发干部积极性。

真管真严、敢管敢严、长管长严。顾名思义，就是在处理和解决问题时动真格、硬碰硬。真管真严、敢管敢严、长管长严是顺利推进各项事业的一种有效的方法，更是一种处理问题的原则。在一段时期里，曾经出现过“说得凶，落实空，碰硬松”现象，只是开空头支票、口头说

（1） 参见《中纪委：有的领导干部只想要权力，出问题就推脱责任》，人民政协网 2016 年 12 月 12 日。

说而已。习近平总书记正是看到这样的情况，经过长期的实践和探索，找出了问题的症结和本质。他深入思考，努力创新，形成了真管真严、敢管敢严、长管长严的要求，从而使广大党员正视从严治党中存在的突出问题，有效回应了全党和人民群众的呼声，促进了从严治党实践的顺利推进。正如习近平总书记所说的，“只有动真格打硬仗，才能扫除顽瘴痼疾，取得人民满意的实效”。在从严治党实践中，只有真管真严、敢管敢严、长管长严，才能真正克服存在的问题；只有真管真严、敢管敢严、长管长严，才能确保从严治党真正取得实效。

惩前毖后、治病救人是我们党的一贯方针，也是我们党加强自身建设的历史经验。日常工作中发现了问题就要真管真严。惩治，治是根本，惩是为了治。要通过加强纪律建设和纪检工作，管住纪律、看住权力，使干部向高标准努力，不犯或少犯错误特别是严重错误，这才是党组织对党员、干部最大的关心和爱护。20 世纪 40 年代党开展整风，号召全党反对主观主义以整顿学风、反对宗派主义以整顿党风、反对党八股以整顿文风，整顿党内各种非无产阶级思想。毛泽东提出了“惩前毖后，治病救人”的基本方针，倡导“团结——批评——团结”的方针解决党内矛盾，这对加强党的道德建设、提高党的道德水平具有重要的理论和现实意义。“勿以善小而不为，勿以恶小而为之。”如果问题刚出现就咬耳朵、扯袖子，在执纪方面抓得很严，可以避免多少人违法？过去形成了这么一种现象，就是不到违法的程度大家都可以“包容”“宽容”，到了违法的程度就“由他去吧”。这是对党不负责任的表现。各级党组织要牢固树立不管党治党就是严重失职的观念，在工作的方方面面体现党的领导。要把党的领导体现到日常管理监督中，敢于较真，注重日常，抓早抓小，防微杜渐，体现组织严格要求和关心爱护，决不能坐看自己的同志在错误的道路上越滑越远。各级党组织必须认真履行全面从严治党主体责任，党委书记要做管党治党的书记，当好第一责任人，对党负责，对本地区本单位的政治生态负责，对干部健康成长负责。

第六，坚持党内监督与群众监督相统一，以党内监督带动其他监督，积极畅通人民群众建言献策和批评监督渠道，充分发挥群众监督、舆论监督作用。

党要管党、从严治党，“管”和“治”都包含监督。监督是权力正常行使的保证。古人说：“外疾之害，轻于秋毫，人知避之；内疾之害，重于泰山，而莫之避。”党的十八大以来，中央八项规定、《中国共产党廉洁自律准则》、《中国共产党纪律处分条例》、《关于新形势下党内政治生活的若干准则》、《中国共产党党内监督条例》、《中国共产党巡视工作条例》、《中国共产党问责条例》等党内法规陆续出台，一大批蠹政害民的“老虎”“苍蝇”纷纷落马，受到党纪国法制裁。对我们党来说，外部监督是必要的，但从根本上讲，还在于强化自身监督。我们要总结经验教训，创新管理制度，切实强化党内监督。强化党内监督是为了保证党立党为公、执政为民，强化国家监察是为了保证国家机器依法履职、秉公用权，强化群众监督是为了保证权力来自人民、服务人民。党内监督要贯彻民主集中制，依规依纪进行，强化自上而下的组织监督，改进自下而上的民主监督，发挥同级相互监督作用。党员、干部可在党的会议上和干部提拔、领导干部述职述廉等环节对一把手实施监督。要彻底解决全面从严治党不力，党的观念淡薄、组织涣散、纪律松弛，管党治党宽松软等突出问题，既要发挥好党内监督作用，又要发挥好人民群众监督作用。2014 年 10 月 8 日，习近平总书记在党的群众路线教育实践活动总结大会上发表讲话时指出：“人民群众中蕴藏着治国理政、管党治党的智慧和力量，从严治党必须依靠人民。让人民支持和帮助我们从严治党，要注意畅通两个渠道，一个是建言献策渠道，一个是批评监督渠道。”“群众的眼睛是雪亮的，群众的意见是我们最好的镜子。只有织密群众监督之网，开启全天候探照灯，才能让‘隐身人’无处藏身。”习近平总书记在这里既强调了人民群众的历史作用，也指出了人民群众帮助我们从严治党的基本路径，为全面从严治党开辟了更加广阔的道路。

·案例链接·

贵州册亨：

推进正风肃纪反腐　让全面从严治党向纵深发展

2022 年 1 月底，贵州省纪委监委公布了 2021 年度全省党风廉政建设五项评价性指标调查结果，册亨县总得分继 2020 年度之后再次荣膺黔西南州第一名。

连续几年全州第一的背后，是近年来册亨县委坚决贯彻党中央决策部署和省委、州委工作要求，坚持把全面从严治党、党风廉政建设和反腐败斗争作为县委的首要任务，坚持把实现好、维护好、发展好最广大人民根本利益作为出发点和落脚点，一以贯之推进正风肃纪反腐、推动全面从严治党向纵深发展的结果。

（一）在乡村振兴衔接推进上增进民生福祉

册亨县委认真学习贯彻巩固拓展脱贫攻坚成果同乡村振兴有效衔接的部署要求，全力推动高质量发展。巩固拓展脱贫攻坚成果，组建乡村振兴驻村工作队，实现出列村、易地扶贫搬迁居住区和乡村振兴示范村全覆盖；建立问题整改“双台账”，完成各级督查、巡察、审计等问题整改；强化跟踪监测预警，完成省、州、县推送预警线索核实；全面落实“四险一金”防贫返贫机制，持续开展“数变化・感党恩・谋振兴”和整“五脏”、治“六乱”、创“七美”活动。始终坚持围绕“四新”主攻“四化”，农业现代化取得新突破，新型工业化实现新进展，新型城镇化展现新面貌，旅游产业化呈现新气象。着力保障和改善民生，教育事业均衡发展，医疗服务优质高效，社会保障更加有力。

（二）在聚焦践行“两个维护”上强化政治监督

册亨县纪检监察机关始终坚持聚焦践行“两个维护”强化政治监督，推动党中央重大决策部署落地见效。常态化推进习近平总书记重要讲话精神贯彻落实情况的跟进监督和“回头看”，发现并督促整改问题 8 个。聚焦“十四五”开局起步，找准监督保障执行、促进完善发展的切入点关键点，从小切口入手加强监督，制定《疫情防控监督检查方案》《围绕“四新”主攻“四化”专项监督检查方案》等 18 个专项监督方案，开展 20 项专项监督，发现问题 582 个，督促整改 481 个，立案 8 人，约谈 21 人，提醒谈话 14 人，通报 16 期，通报批评 55 人，有力推动了党中央、省委、州委和县委重大决策部署落实。

（三）在整治民生领域腐败上获群众点赞

册亨县纪检监察机关始终坚持以人民为中心的执纪执法理念，更加突出整治群众身边腐败和不正之风，精准监督持续巩固脱贫成效。县纪委监委持续用好“纪委监委领导班子成员分片包保督导”的经验模式，统筹县乡纪检监察力量，下沉一线开展监督。制定《强化监督执纪问责为册亨县高质量推进易地扶贫搬迁后续扶持工作提供坚强保障工作方案》《关于深入开展专项监督为巩固拓展脱贫攻坚成果同乡村振兴有效衔接提供坚强保障工作实施方案》等 4 个专项整治方案，发现督促整改问题 183 个，推动脱贫质量和成色得到有力巩固。以“访村寨、重监督、助振兴”专项行动为抓手，推动解决群众“急难愁盼”问题 87 个。专项治理民生领域腐败，共立案查处民生领域腐败和作风问题 6 件，党纪政务处分 2 人，组织处理 4 人。群众深切感受到深入推进全面从严治党、党风廉政建设和反腐败斗争带来的新变化、新气象，对纪检监察机关工作成效的满意度显著提升，获得感、幸福感、安全感明显增强。

（四）在一体推进“三不”机制上诠释为民情怀

册亨县纪检监察机关始终坚持“严”的主基调不动摇，在严厉惩治、形成“不敢”震慑的同时，挖掘“不能”和“不想”的功能；在扎牢制度笼子、强化“不能”约束的同时，贯通“不敢”和“不想”的实践；在加强党性教育、提升“不能”自觉的同时，体现“不敢”的震慑和“不能”的约束，反腐败斗争取得胜利并全面巩固。2021 年以来，受理信访举报 204 件，处置问题线索 343 条，立案 140 件，结案 116 件等。深入开展处分决定执行情况检查、受处分人员回访教育，发出纪律检查建议书和监察建议书 16 份，督促 17 个案发单位开展“一案一整改”，召开专题民主生活会或组织生活会 11 次、警示教育 11 次，审慎稳妥一体推进“三不”机制。

（摘编自《黔西南日报》2022 年 1 月 28 日）

案例分析

贵州省册亨县推进乡村振兴，认真学习贯彻巩固拓展脱贫攻坚成果同乡村振兴有效衔接的部署要求，全力推动高质量发展。坚持把实现好、维护好、发展好最广大人民根本利益作为出发点和落脚点。聚焦践行“两个维护”并强化政治监督，常态化推进习近平总书记重要讲话精神，贯彻落实情况的跟进监督和“回头看”，积极发现并督促整改问题。积极整治民生领域腐败，坚持以人民为中心的执纪执法理念，更加突出整治群众身边腐败和不正之风，精准监督持续巩固脱贫成效。册亨县把努力提高人民群众的生活水平作为自己的基本职责，健全并落实党内监督制度，敢于较真，防微杜渐，注重纪律建设，切实抓好纪律教育、纪律监督、纪律执行、纪律维护，形成了不敢腐、不能腐、不想腐的有效机制。

第二章

坚持以自我革命精神推进作风革命

·政策背景·

党的作风是党的形象，是观察党群干群关系、人心向背的晴雨表。党的十八大以来，以习近平同志为核心的党中央把作风建设抓在手上，推动党的作风建设从立规、践行向纵深发展，取得了阶段性进展，党风为之一新，社会风气大为好转。

2012 年 12 月 4 日，中共中央政治局审议通过《十八届中央政治局关于改进工作作风、密切联系群众的八项规定》，针对工作作风问题，从调查研究、文风会风、出访接待、警卫安保、新闻报道、廉洁从政等方面作出明确要求，并提出，抓作风建设首先要从中央政治局做起，要求别人做到的自己先要做到，要求别人不做的自己坚决不做，以良好党风带动政风民风，真正赢得群众信任和拥护。中央八项规定，短短 600 多字，却内涵丰富，从 8 个方面对加强作风建设立下规矩，不搞四平八稳，不喊空洞口号，直指中国共产党内长期存在的作风顽疾，针对人民群众反映强烈的问题，提出了一系列切实可行、具有可操作性的举措。习近平总书记率先垂范，身体力行八项规定。在他的示范带动下，中央政治局全体同志严于律己、以实际行动模范践行中央八项规定，为全党同志树立了标杆，形成了巨大的“头雁效应”。

随后，落实中央八项规定精神配套制度建设不断进行，中共中央和有关部门针对八项规定中有关事项，出台了《党政机关厉行节约反对浪费条例》《关于党政机关停止新建楼堂馆所和清理办公用房的通知》《党政机关国内公务接待管理规定》等多部重要党内法规，对中央八项规定精神进行细化和深化，从源头上狠刹奢侈浪费之风。同时，把中央八项规定精神上升到党内法规制度层面，体现到《中国共产党廉洁自律准则》《中国共产党纪律处分条例》等党内法规中。全国各地也纷纷采取有力措施，全力推动八项规定落地生根。各级纪检监察机关充分行使监督执纪权力，推动八项规定落到实处。

·实践探索·

习近平总书记指出，革命理想高于天。共产主义远大理想和中国特色社会主义共同理想，是中国共产党人的精神支柱和政治灵魂，也是保持党的团结统一的思想基础。要把坚定理想信念作为党的思想建设的首要任务，教育引导全党牢记党的宗旨，挺起共产党人的精神脊梁，解决好世界观、人生观、价值观这个“总开关”问题，自觉做共产主义远大理想和中国特色社会主义共同理想的坚定信仰者和忠实实践者。

一、为什么说勇于自我革命是我们党最鲜明的品格

党的作风就是党的形象。党的十八大以来，以习近平同志为核心的党中央坚持党要管党、全面从严治党，以狠抓作风建设为切入点，开创

治党理政新境界。新时代落实党的建设总要求，必须牢记初心使命，以自我革命精神推进党的作风建设，以良好党风引领政风和民风。

1. 我们党始终保持自我革命精神

作为马克思主义政党，党的革命性是无产阶级实现自身解放和解放全人类的根本特征和属性。马克思、恩格斯在《共产主义者同盟中央委员会告同盟书》中就写道，无产阶级政党要“不间断地进行革命”，并进一步指出，革命之所以必需，不仅是因为没有任何其他的办法能推翻统治阶级，而且还因为推翻统治阶级的那个阶级，只有在革命中才能抛掉自己身上的“一切陈旧的、肮脏的东西”，才能成为社会的新基础。

党的十八大以来，以习近平同志为核心的党中央，根据党的历史经验，结合当下面临的实际情况，重新思考马克思主义政党建设中的这一根本问题，对党的革命性作出了新的论述。2017 年 2 月，习近平总书记在省部级主要领导干部学习贯彻十八届六中全会精神专题研讨班开班式上指出，勇于自我革命，是我们党最鲜明的品格，也是我们党最大的优势。(1) 党的二十大报告指出，经过不懈努力，党找到了自我革命这一跳出治乱兴衰历史周期率的第二个答案。

回顾历史，中国共产党能够在抗击各种政治权力中崭露头角，能走在时代的前列，成为中国人民和中华民族的支柱，主要原因在于我们党始终保持革命精神，紧握“手术刀”，革除自己的“症状”。八七会议、古田会议、遵义会议、整风运动等，都是我们党发扬彻底的自我革命精神的范例。新中国成立初期的整风整党、改革开放以后的全面整党以及一系列集中性教育活动等，都是我们党管党治党、勇于进行自我革命的

（1） 参见《勇于自我革命，是我们党最鲜明的品格》，《光明日报》2018 年 6 月 28 日。

伟大实践，充分彰显了我们党的伟大自我革命精神。

习近平总书记还指出，要兴党强党，就必须以勇于自我革命精神打造和锤炼自己。只有努力在革故鼎新、守正出新中实现自身跨越，才能不断给党和人民事业注入生机活力。要把党建设成为始终走在时代前列、人民衷心拥护、勇于自我革命、经得起各种风浪考验、朝气蓬勃的马克思主义执政党。

2. 新时代党的革命性的新内涵

根据无产阶级面临的时代变化和历史任务，马克思主义政党面临的不是要不要坚持革命性的问题，而是正确理解革命性的问题。随着时代和党的历史任务的变化，无产阶级政党有不同的要求和表达方式。因此，对于执政的无产阶级政党来说，阶级斗争不再是其主要的历史任务，但这并不意味着无产阶级执政党不再需要革命性，因为社会解放的历史任务仍然需要革命性。从某种意义上说，社会解放所需要的革命性比革命时代更强了，因为它在很大程度上从革命时代的阶级斗争转变为自我革命。[1]党的二十大报告指出，走过百年奋斗历程的中国共产党在革命性锻造中更加坚强有力。

新中国成立以来，中国共产党在带领人民推进伟大社会革命的同时不断进行着伟大的自我革命，持续增强党的自我革新能力，并在先决条件、重要途径、根本标准、基本方法、核心关键、价值目标等方面积累了诸多宝贵的历史经验。在新时代中国特色社会主义的伟大征程中，党的自我革命具有特定的内涵。对于执政党来说，自我革命要克服执政后存在的脱离人民群众所导致的官僚主义；更重要的是，无产阶级建立的

（1） 参见《勇于自我革命，是我们党最鲜明的品格》，《光明日报》2018 年 6 月 28 日。

社会主义社会是新社会，需要无产阶级带领人民群众积极行动，而不能墨守成规、消极不为，这意味着无产阶级执政党首先要具备开拓创新、干事创业的革命精神。

新时代中国特色社会主义更加需要坚持党的革命性。习近平总书记指出的“必须进行具有许多新的历史特点的伟大斗争”，正是党的革命性的具体体现和内在要求。党的革命总是伴随着使命和事业，随着时间的变化和历史任务的变化，它不会减弱或消失。在很大程度上，政党的历史和政党建设都围绕着革命性展开。

3. 党的革命性是新时代发展的动力

正确理解和把握党的革命性新内涵，不仅事关党的建设目标的实现，而且事关如何正确对待党的群众路线的创新与发展。新时代党的革命性新内涵还决定着中国特色社会主义建设的方向和动力。

党的革命性是我们党不变的初心。中国共产党的初心和使命是为中国人民谋幸福，为中华民族谋复兴。中国共产党成立时，认为实现共产主义是其历史使命。根据这一历史性使命，党章明确规定，党除了工人阶级和最广大人民的利益没有自己的特殊利益。党的宗旨是全心全意地为人民服务。党的性质决定了党员不应把追求权力和利益作为行为动机。

党的革命性与党的革命精神是内在一致的，即使在社会主义市场经济环境中，党的革命精神也具有旺盛的生命力。那种认为在市场经济环境中党的革命精神和优良传统作风不再适用的观点，其实是从根本上损害和否定党的性质。建设新时代中国特色社会主义，坚持党的革命性，重新强调党的革命精神，坚决防止和反对宗派主义、圈子文化、码头文化，坚决反对搞两面派、做两面人。如果没有党的革命性，党内健康的政治生活和政治文化就失去了基础。[1]

二、如何认识自我革命精神是推进作风革命的动力

作为一个致力于长期执政的马克思主义政党，中国共产党始终强调作风建设的重要意义，始终认识到，对作风问题任何时候都不能掉以轻心。在新时代亦是如此，唯有继续发扬党的自我革命精神，着力增强党的“四自”能力，勇于并善于自我革命，才能取得党风建设的绝对胜利。

1. 党的作风建设关系人心向背，关系党的生死存亡

党的作风即党风，是党的无产阶级性质和世界观在党的工作与活动中的表现，是全党包括党的各级组织和党员个人在政治、思想、组织、工作、生活等方面体现党性原则的一贯态度和行为。因此，党风关乎党的形象，是党的一面旗帜，是区别于其他政党的显著标志。党章指出，党风问题、党同人民群众联系问题是关系党生死存亡的问题。中国共产党自 1921 年成立以来，在长期的革命过程中逐步形成了理论联系实际、密切联系群众、批评和自我批评的三大优良作风，成为我党团结号召动员群众、制定正确路线方针政策、取得一个又一个胜利的重要法宝。

三大优良作风是党在长期斗争中付出高昂代价换来的。换句话说，这是无数革命烈士的鲜血换来的宝贵经验，正是这种宝贵的经验确保了党在革命中的最终胜利。三大优良作风凝结为一条就是赢得民心。正是通过赢得民心，党才获得了强大的力量、智慧和生命力。因此，作为一个长期执政的马克思主义政党，在任何时候对于作风建设都不能掉以轻心。

（1） 参见《勇于自我革命，是我们党最鲜明的品格》，《光明日报》2018 年 6 月 28 日。

2. 自我革命精神是推进党的作风建设的内生动力

勇于并善于自我革命，是我们党最鲜明的品格，也是我们党最大的优势。回首 100 多年发展历史，可以说我们党能在与中国各种政治力量战斗中，在抵抗风险中克服各种困难和障碍，取得成功，成为中国人民和中华民族的主心骨，始终保持着蓬勃生命力，原因就在于，始终保持着自我革命精神，并一贯有效地推动自我革命。在新民主主义革命时期，党不断检视自身问题并取得反帝反封建斗争的伟大胜利，新中国成立后，党不断地纯洁干部队伍并全面推进社会主义革命和建设，再到改革开放和社会主义现代化建设新时期以来开辟中国特色社会主义道路，中国共产党积累了关于党的自我革命的丰富经验，即必须始终坚持理论传承与实践创新的辩证统一，必须始终坚持党的领导核心与强化党的领导核心的统一，必须坚持党的自我革命与伟大社会革命的辩证统一，必须坚持思想建设与制度建设的统一，必须坚持依靠广大人民和发动广大人民的统一。新时代，面对党所处的历史方位的深刻变化，面对社会结构的深刻调整，面对社会主要矛盾的转化、面对世界形势的风云变幻，党如何永葆先进性和纯洁性、永葆青春活力，如何永远得到人民拥护和支持，如何实现长期执政，是我们必须回答好、解决好的一个根本性问题。(1)

当前，中国共产党内存在的“四风”问题严重损害了党的威信和形象，削弱了党的凝聚力和向心力，伤害了人民群众的利益和感情。“四风”问题违背了中国共产党的性质和宗旨，是广大人民群众反映最强烈的问题。党的十八大以来，党中央作出了巨大努力整治“四风”问题，享乐

---

(1) 参见张仙凤:《以自我革命精神推进党的作风建设》,《广州日报》2019 年7月22日。

主义和奢靡之风总体上已经得到控制，然而，在某些地方，形式主义、官僚主义仍然顽固存在，并产生了“新变种”。能否有效地解决这个问题，事关政党治理的基础和生存本身。事关党群关系和政府的公信力。

3. 用制度创新来推动党风建设的自我革命

党的十八大以来，我们在作风建设方面不断取得成功的重要经验是大力推动制度创新，巩固党内作风建设的基础。制度建设更基本、更普遍、更稳定、更长期。由于党员和国家公职人员的一些长期作风问题，更需要注意制度建设，建立长效机制，才能既治标又治本。

第一，全面深化改革，推进政府职能转变，从体制机制上堵住滋生不正之风的漏洞，固化作风建设成果，以改革创新推进作风转变。如果不改革制度和机制，我们将很难解决这些问题。不成文的规则很难改变，那么，如何避免陷入“法不责众”的困局？传统的礼仪文化，如何在奢侈品和传统消费标准之间划清界限？以改革创新推进作风转变是为了打破最初的系统设计，建立一系列新的系统规范，并逐渐积淀成一种习俗和文化。以改革创新推进作风转变，每一个党员和工作人员都不会避免挑战和矛盾，要有逢山开路、遇河架桥的精神，要敢于和善于发现作风问题，敢于建立新体制，敢于进行自我革命，真正建设人民满意的服务型政府。

第二，不断完善党内法规制度体系，运用法治思维和法治方式，按制度行使权力，坚持用制度管权管事管人，把权力关进制度的笼子里，实现作风建设的规范化、常态化、长效化。习近平总书记对党内法规制度建设战略定位的重要论述，廓清了党内法规“姓党姓法”的基本性质，廓清了党内法规制度建设政治性、思想性和规范性、执行性兼具的特色，是党内法规制度建设长远发展的根本遵循。[1]党的二十大报告指出，完善党内法规制度体系，增强党内法规权威性和执行力。

第三，不断健全监督体系，要做到以党内监督为根本，发挥群众、舆论等各方监督作用，形成全方位的监督强大合力，强化日常管理、常态教化、风气养成，防微杜渐，强化党的各级组织和领导干部的责任担当。从十五届六中全会通过的《中共中央关于加强和改进党的作风建设的决定》、十六届四中全会通过的《中共中央关于加强党的执政能力建设的决定》、十七届四中全会通过的《中共中央关于加强和改进新形势下党的建设若干重大问题的决定》，到十八大报告中提出要健全权力运行制约和监督体系，十八届六中全会进一步提出完善的监督体系问题，不断取得进展，表明对权力运行制约和监督体系的基本架构的设计一直是党高度关注的问题。[2]党的二十大报告指出，健全党统一领导、全面覆盖、权威高效的监督体系，完善权力监督制约机制，以党内监督为主导，促进各类监督贯通协调，让权力在阳光下运行。

三、如何贯彻落实中央八项规定精神推进作风革命

八项规定，一个改变中国的政治词汇，开启了中国共产党激浊扬清的作风之变。中央政治局八项规定内容是：

第一，要改进调查研究，到基层调研要深入了解真实情况，总结经验、研究问题、解决困难、指导工作，向群众学习、向实践学习，多同群众座谈，多同干部谈心，多商量讨论，多解剖典型，多到困难和矛盾

（1） 参见张仙凤:《以自我革命精神推进党的作风建设》,《广州日报》2019年7月22日。
（2） 同上。

集中、群众意见多的地方去，切忌走过场、搞形式主义；要轻车简从、减少陪同、简化接待，不张贴悬挂标语横幅，不安排群众迎送，不铺设迎宾地毯，不摆放花草，不安排宴请。

第二，要精简会议活动，切实改进会风，严格控制以中央名义召开的各类全国性会议和举行的重大活动，不开泛泛部署工作和提要求的会，未经中央批准一律不出席各类剪彩、奠基活动和庆祝会、纪念会、表彰会、博览会、研讨会及各类论坛；提高会议实效，开短会、讲短话，力戒空话、套话。

第三，要精简文件简报，切实改进文风，没有实质内容、可发可不发的文件、简报一律不发。

第四，要规范出访活动，从外交工作大局需要出发合理安排出访活动，严格控制出访随行人员，严格按照规定乘坐交通工具，一般不安排中资机构、华侨华人、留学生代表等到机场迎送。

第五，要改进警卫工作，坚持有利于联系群众的原则，减少交通管制，一般情况下不得封路、不清场闭馆。

第六，要改进新闻报道，中央政治局同志出席会议和活动应根据工作需要、新闻价值、社会效果决定是否报道，进一步压缩报道的数量、字数、时长。

第七，要严格文稿发表，除中央统一安排外，个人不公开出版著作、讲话单行本，不发贺信、贺电，不题词、题字。

第八，要厉行勤俭节约，严格遵守廉洁从政有关规定，严格执行住房、车辆配备等有关工作和生活待遇的规定。

八项规定体现了中央从严要求、从严治党的根本要求，反映了中央改进工作作风的坚定信念，反映出中国未来施政的动向。八项规定是中央向全党和全国人民作出的一个庄严承诺。八项规定出台后，新一届中央领导集体特别是习近平总书记，以身体力行的方式，为端正党风政风率先垂范，极大地推动了党风廉政建设。

中央政治局带头执行中央八项规定，以实际行动为全党树立了典范。党的十八大以来，以习近平同志为核心的党中央始终把作风建设放在突出位置，中央政治局、中央政治局常委会多次就落实中央八项规定精神进行研究部署，强调“以最严格的标准、最严厉的举措治理作风问题”。习近平总书记强调，“抓作风建设，首先要从中央政治局做起”。习近平总书记无论参加会议或活动、调查或出国访问，都亲自过问有关活动，并敦促有关部门严格执行中央八项规定。到地方调查时，轻车简从、深入务实，询问真实的民情，感受真实的社情；以普通党员的身份参加党的组织生活，平等地与党员交流；是所有党员的光辉榜样，严格要求其亲属和工作人员对不法行为“零容忍”，并为党内政治活动树立了遵守党的规章制度和行为准则的榜样。其他常委同志和中央政治局各位同志在执行中央八项规定方面发挥了领导作用，以身作则，自律严谨。所有部门都认真贯彻落实中央八项规定精神，制约一些曾经被认为无法阻止的“官场陋习”和关系问题，有力推动作风建设向纵深发展。(1)

逆水行舟，一篙不可放缓；滴水穿石，一滴不可弃滞。八项规定施行以来，习近平总书记始终严肃对待作风问题，高度重视作风建设。2017 年 10 月 27 日，中共中央政治局召开会议，审议《中共中央政治局贯彻落实中央八项规定的实施细则》，习近平总书记强调，“四风”问

（1） 参见孟祥峰:《把落实中央八项规定精神常态化长效化》,《光明日报》2016 年 11 月 25 日。

题具有顽固性反复性，纠正“四风”不能止步，作风建设永远在路上。形式主义、官僚主义同我们党的性质宗旨和优良作风格格不入，是我们党的大敌、人民的大敌。中央政治局的同志必须带头树立正确政绩观，始终做老实人、说老实话、干老实事，自觉反对形式主义、官僚主义。中央政治局的同志不仅要带头不搞形式主义、官僚主义，而且要同形式主义、官僚主义的种种表现进行坚决斗争，聚焦突出问题，充分认识形式主义、官僚主义的多样性和变异性，摸清形式主义、官僚主义在不同时期、不同地区、不同部门的不同表现，紧密联系具体实际，既解决老问题，也察觉新问题；既解决显性问题，也解决隐性问题；既解决表层次问题，也解决深层次问题，抓出习惯，抓出长效。

习近平总书记在十九届中央纪委二次全会上强调：“要锲而不舍落实中央八项规定精神，保持党同人民群众的血肉联系。要继续在常和长、严和实、深和细上下功夫，密切关注享乐主义、奢靡之风新动向新表现，坚决防止回潮复燃。”因此，我们只有继续坚持问题导向，从细处入手，向实处着力，一环紧着一环拧，一锤接着一锤敲；继续严规矩“治身”，同时强信念“治心”；继续在抓常、抓细、抓长上下功夫，才能久久为功、善作善成。《中共中央政治局贯彻落实中央八项规定的实施细则》，坚持以习近平新时代中国特色社会主义思想为指导，贯彻落实中共中央对党的作风建设的新部署新要求，坚持问题导向，根据这几年中央八项规定实施过程中遇到的新情况新问题，着重对改进调查研究、精简会议活动、精简文件简报、规范出访活动、改进新闻报道、厉行勤俭节约等方面内容作了进一步规范、细化和完善，更加切合工作实际，增强了指导性和操作性。中央政治局的同志要带头弘扬党的优良作风，严格执行中央八项规定，为全党作出表率。党的二十大报告指出，锲而不舍落实中央八项规定精神，抓住“关键少数”以上率下，持续深化纠治“四风”，重点纠治形式主义、官僚主义，坚决破除特权思想和特权行为。各级领导干部要认真地、锲而不舍地执行，促进党的作风彻底好转。

·案例链接·

福建：

“群众的‘痛点’就是我们工作的‘焦点’”
——精准施策推进作风问题专项整治

2018 年以来，福建省纪委监委深化实践“五抓五重”，即抓扎实开展形式主义、官僚主义综合整治，严肃查处有令不行、有禁不止、庸懒散拖、不担当不作为等问题，让广大人民群众切实感受到了大力整治“四风”问题的坚定决心和有力举措。

（一）列明问题表现开展专项治理

“会议多、文件多、检查多”“门好进、脸好看、事难办”……2017 年 12 月，习近平总书记作出“纠正‘四风’不能止步，作风建设永远在路上”的指示后，福建省多次组织专题调研，听到不少基层党员干部群众发出的此类声音。对此，福建省委高度重视，要求全省上下聚焦形式主义、官僚主义的新表现，切实做到只要人民群众不满意的就改、有期盼的就做。

省纪委监委迅速跟进，省纪委三次全会将形式主义、官僚主义突出问题列入2018年5个专项治理之一。4月，省纪委监委下发专项整治方案，围绕基层干部群众反映强烈的“文山会海”“为官不为”和扶贫领域检查散滥、民生项目脱离实际等四个方面的突出问题，选准“切口”，精准“画像”，列明30种具体表现形式，要求各级纪检监察机关下大力气摸排一批问题线索、整治一批突出问题、通报一批典型案件，形成强大震慑。

全省各地纷纷行动，向形式主义、官僚主义突出问题“开刀”。福州市聚焦“虚、僵、躲、拖、腐”等5种不良习气开展专项整治；厦门市指定市直20个责任牵头单位和44个配合单位，具体负责11个方面突出问题专项治理工作；莆田市城厢区开展“营商环境堵点疏解行动”，着力解决群众办事中遇到的“堵点”“痛点”“难点”。

（二）聚焦突出问题实施“靶向”监督

面对“会议多、文件多、检查多”“门好进、脸好看、事难办”等突出问题，福建省在整治形式主义、官僚主义中引入“1+X”督查机制，采取深入基层“一线查”、确定专题“专项查”、紧盯关键“重点查”、依托科技“在线查”等多种监督方式，着力整治一批突出问题。

此外，福建省还剑指“文山会海”问题，提出15条具体的硬性举措，对调查研究、会议活动、文件简报、出访考察等进行再压缩、再精简。如省公安厅1—8月会议、公文总量分别减少24.1%、16.3%，各类统计报表从111种压减至18种。

（三）加强问责问效固化整治成果

2018年7月，福建省纪委监委公开通报4起形式主义、官僚主义典型问题，对典型问题指名道姓、通报曝光，进一步强化了高压震慑作用。单在 2018 年初的全省主体责任检查中就发现 52 个形式主义、官僚主义问题，36 名党员干部受到问责处理。据统计，专项整治工作开展以来，全省查处形式主义、官僚主义问题 546 件 931 人，给予党纪政务处分 320 人，其中“一把手”197 人，通报曝光典型案例 195 起。

查处只是手段，规范才是目的。厦门市出台治庸问责暂行办法，对工作作风不扎实的问题进行明确和细化，让庸作为无处遁形；龙岩市提出 9 条治理为官不为具体治理措施；泉州台商投资区制定出台减权放权事项监管责任清单，规范审批权限，促进审批提速增效。

（摘编自《中国纪检监察》2018 年第 20 期）

案例分析

福建省纪委监委在整治“四风”问题上具备坚定决心并且提供了有力举措。首先，列明问题表现，开展专项治理。福建省多次组织专题调研，要求全省上下聚焦形式主义、官僚主义的新表现，切实做到只要人民群众不满意的就改、有期盼的就做。全省各地纷纷行动，向形式主义、官僚主义突出问题“开刀”。其次，聚焦突出问题，实施“靶向”监督。使用多种监督方式，着力整治一批突出问题。最后，加强问责问效，固化整治成果。对于典型问题加强通报曝光，强化高压震慑。查处只是手段，规范才是目的。让广大人民群众切实感受到了大力整治“四风”问题的坚定决心和有力举措。充分发扬了党的自我革命精神，着力增强自我净化、自我完善、自我革新、自我提高的能力，取得党风建设的阶段性胜利。

第三章

严格落实党内法规制度的执行责任制

·政策背景·

治国必先治党，治党务必从严，从严必依法度。党的十八大以来，以习近平同志为核心的党中央全方位推进党内法规制度体系建设，严明党的纪律特别是政治纪律和政治规矩，有力促进了良好政治生态的形成。

《中国共产党党内法规执行责任制规定（试行）》（以下简称《规定》）是为提高党内法规执行力，推动党内法规全面深入实施，根据《中国共产党党内法规制定条例》制定的法规。2019 年 8 月 30 日，经中共中央政治局会议审议批准，中共中央于 2019 年 9 月 3 日发布《规定》，自 2019 年 10 月 1 日起施行。习近平总书记多次强调，有规可依的问题基本解决后，要更加重视提高党内法规执行力，把制度的刚性立起来。现在，党内法规执行还存在“上热中温下冷”，先紧后松、上紧下松、外紧内松等现象，机械执行、选择执行、烦琐执行、变通执行问题都不少。一些党员领导干部党规意识淡薄，执规能力不强，对出台的党内法规不学不懂不了解，没有真正把制度要求落实到位。制定《规定》，就是从根本上破解党内法规“执行难”问题的一项重要举措。

《规定》共 19 条，逐一明确规定党委、党组、党的工作机关、党的基层组织、党的纪律检查机关等各级各类党组织和党员领导干部的执规责任，围绕部署推动执规工作、执规能力建设、实施评估等建立健全保障机制，并对监督考核、责任追究等提出要求。落实党内法规执行责任制，一要强化执规意识。各级党组织和党员领导干部必须牢固树立执规是本职、执规不力是失职的理念，切实担负起执行党内法规的政治责任。二要压实执规责任。建立健全党委统一领导、党委办公厅（室）统筹协调、主管部门牵头负责、相关单位协助配合、纪检机关严格监督的体制机制，明责知责、履责尽责、考责问责。三要提高执规能力。党员领导干部要带头学习宣传党内法规，带头严格执行党内法规，带动广大党员、干部以尊崇的态度、敬畏的精神守规用规护规。四要坚持执规必严。严肃查处违反和破坏党内法规的各种行为，防止形成“破窗效应”。

· 实践探索 ·

在全面从严治党和全面依法治国时代背景下，如何提高党内法规制度执行力，对于不断提升党管党治党和治国理政水平，提高党的执政能力、巩固党的执政基础，具有重要现实意义。党的十八大以来，习近平总书记站在党和国家工作全局的高度，在多个重要场合强调指出：“制度的生命力在于执行。”这一论断凸显出制度执行的极端重要性，我们要在历史逻辑、理论逻辑、实践逻辑的有机统一中去理解和把握。

一、为什么说党内法规制度的生命力在于执行

我们要充分认识到，“治国必先治党，治党务必从严，从严必有法度”。我们党历来高度重视党内法规制度建设，强调提高党内法规制度执行。新中国成立以来特别是改革开放以来，我们党制定颁布了一批重要党内法规，为管党治党、执政治国提供了重要制度保障。党的十八大以来，以习近平同志为核心的党中央领导人民统筹推进“五位一体”总体布局，协调推进“四个全面”战略布局，作出全面从严治党战略部署，坚持思想建党和制度治党紧密结合，坚持依规管党与依法治国有机统一，全面加强党内法规制度体系建设。我们要更加关注依靠制度来全面从严治党，并采取新的步骤推动党的治理现代化；更加注重制度的传承与创新，在坚守根本和完善体系的紧密结合上迈出新步伐；更加注重以上率下动真碰硬，在制度的执行落地上迈出新步伐；更加注重强调严守纪律规矩，在规范党员干部权力行使和行为习惯上迈出新步伐。我们要更多地关注党规和党纪在国家治理方面的作用，并采取新的步骤，通过制度管理国家法治和社会活动。我们加强了执行党规党纪的能力，在党内形成重制度、讲规矩、守纪律的思想共识，更加重视制度、遵守规则和纪律。

第一，提高党内法规制度执行力，是推进党的工作和党的建设规范化科学化，提高党科学执政民主执政依法执政水平的题中应有之义。我们党的党内法规制度体系包括党章、准则、条例、规则、规定、办法、细则，涵盖党的领导和党的工作、政治建设、思想建设、组织建设、作风建设、纪律建设、民主集中制建设、机关工作等方面，体现着党的先锋队性质和先进性要求，是管党治党的根本遵循。2013 年 11 月颁布的

《中央党内法规制定工作五年规划纲要（2013—2017年）》，明确了之后几年党内法规建设的目标任务和要求。2014年9月印发的《深化党的建设制度改革实施方案》，进一步把党的建设制度改革任务具体化、项目化、责任化。2018年2月印发的《中央党内法规制定工作第二个五年规划（2018—2022年）》，着眼于到建党100周年时形成比较完善的党内法规制度体系，对此后5年党内法规制度建设进行顶层设计，提出了指导思想、目标要求、重点项目和落实要求。[1]

2013年11月，习近平总书记在山东考察时指出："一分部署，九分落实。改革蓝图有了，现在的关键是把蓝图一步步变为现实。"这一重要论述开宗明义地强调了把改革蓝图变成现实的辩证法。因而，在党的建设上，善于运用制度管党治党，才能使制度优势转化为实际效能，切实提高党的建设科学化水平和党治国理政的能力。党的十八大以来，从号召各级党组织和广大党员干部认真学习贯彻党章到反复强调用制度管权管事管人，从严格执行改进作风八项规定到构建强有力的党风廉政建设责任机制，从深入贯彻《党政领导干部选拔任用工作条例》到集中开展从严治吏专项整治，从牢记基层党组织政治功能到推进基层服务型党组织建设，从重申党内政治生活政治性原则性严肃性到严明党的政治纪律和政治规矩，党内法规制度执行力不断增强，推动党的建设沿着规范化科学化轨道运行，以政党建设的现代化引领国家治理现代化。正如习近平总书记指出的："诚然，我们的制度体系还要完善，但当前突出的问题在于很多制度没得到严格执行。""现有制度都没执行好，再搞新的制度，可以预言也会是白搭。"

（1） 参见中组部研究室部刊处：《制度的生命力在于执行》，人民网2016年3月1日。

第二，提高党内法规制度执行能力是确保党的团结以及提高党的凝聚力和战斗力的必要条件。加强纪律，革命就会胜利。党内法规制度在统一思想和行为、团结党的意志、实现党的目标方面发挥着重要作用。对党内法规制度来说，重要的是予以严格遵守，确保党的团结和协调行动，迅速有效地执行中央的决定。严明党的纪律和规矩，必须真正使制度成为“硬杠杠”“高压线”。党的十八大以来，党中央把守纪律讲规矩摆在更加突出的位置，反复强调要严格按规则和程序办事，敬法畏纪、遵规守矩。正如习近平总书记所强调的，“决不允许‘上有政策、下有对策’，决不允许有令不行、有禁不止，决不允许在贯彻执行中央决策部署上打折扣、做选择、搞变通”。真正要实现的目标是“把权力关进制度的笼子里”，形成“不敢腐的惩戒机制、不能腐的防范机制、不易腐的保障机制，让制度刚性运行”。(1)

第三，提高党内法规制度执行力，是推进全面深化改革和全面依法治国，促进国家治理体系和治理能力现代化的重要举措。党内法规制度不仅是政党治理的重要基础，也是国家各项事业发展的可靠保障。加强党内法规制度建设是全面深化法治改革和发展的重要组成部分，我们必须把重点放在国家治理体系和治理能力现代化上。只有不断完善党内法规制度，才能促进党的建设制度改革，并确保全面推进所有领域的改革。只有到那时，我们才能确保推动全面从严治党向纵深发展。党员、干部在遵守法律方面发挥示范作用，我们才能在整个社会创造法治氛围。只有这样，制度的刚性才能与党员的主观能动性相结合，国家治理体系现代化和治理能力现代化才能得到相互加强和补充。通过党的十八

（1） 中组部研究室部刊处:《制度的生命力在于执行》，人民网 2016 年 3 月 1 日。

大以来的宣传贯彻，广大党员干部对党内法规制度与国家治理体系、依规管党与依法治国的关系有了更为深入的理解。同时，认识模糊、不能正确理解党规与国法关系的问题仍然存在。这就表明，教育引导广大党员干部充分认识提高党内法规制度执行力的重要意义。

二、如何理解要担负起执行党内法规的政治责任

党的十八大以来，以习近平同志为核心的党中央高度重视党内法规执行，采取了一系列重大举措。《中共中央关于加强党内法规制度建设的意见》要求建立高效的党内法规制度实施体系，对提高党内法规制度执行力作出部署，明确提出“实行党内法规制度执行责任制”。2019 年 9 月 3 日，党中央印发《规定》，着力提高党内法规执行力，具有极端重要性和现实紧迫性。

《规定》共 19 条，对党内法规执行责任制作出系统规定，主要集中在以下几个方面。

第一，界定责任主体，解决“谁来执规”问题。《规定》在对“守规”“执规”这两个概念作深入研究的基础上，既规定各级党组织和全体党员负有遵守党内法规、维护党内法规权威的义务，都是守规主体；又考虑到执规是履行党内法规规定的职权职责行为，故提出各级党组织和党员领导干部都是执规主体，包括地方党委、党委办公厅（室）、党委职能部门等、党组（党委）、基层党组织、纪检机关等各级各类党组织，以及党委（党组）书记、分管党内法规工作的班子成员、其他班子成员等党员领导干部，都负有执行党内法规的政治责任。

第二，明确责任内容，解决“执规责任分配”问题。各级各类党组织和党员领导干部在推进党内法规执行中地位不同、责任不同。《规

定》提出在党中央集中统一领导下，建立健全党委统一领导、党委办公厅（室）统筹协调、主管部门牵头负责、相关单位协助配合、党的纪检机关严格监督的执规责任制，统分结合、各司其职，一级抓一级、层层抓落实。同时，分别规定了各执规主体的责任。[1]

一是地方党委责任。地方各级党委在本地区发挥领导作用，全面负责本地区党的建设。据此，《规定》提出，地方各级党委对本地区党内法规执行工作负主体责任，应当坚决贯彻党中央决策部署以及上级党组织决定，带头严格执行党内法规，并领导、组织、推进本地区党内法规执行工作，支持和监督本地区党组织和党员领导干部履行执规责任。

二是党委办公厅（室）责任。党委办公厅（室）是党委的综合部门，负有服务党委实施领导、推动党委决策部署落实的基本职能。据此，《规定》提出，党委办公厅（室）负责统筹协调本地区党内法规执行工作，推动党委关于党内法规执行部署安排的贯彻落实。

三是党委职能部门等责任。党委职能部门、办事机构、派出机关、直属事业单位等，负责党委某一方面工作，或者协助党委办理某一方面重要事务，是实施党的领导、加强党的建设、推进党的事业的执行机关。据此，《规定》提出，党委职能部门等对主要规定其职权职责的党内法规，负有牵头执行的责任，并组织、协调、督促、指导有关党组织和党员领导干部执行有关党内法规。

四是党组（党委）责任。党组（党委）在本单位（本系统）发挥领导作用，领导本单位（本系统）业务工作和党的建设。据此，《规定》

(1) 参见中办法规局研究室：《〈中国共产党党内法规执行责任制规定（试行）〉，这样做！》，《秘书工作》2019 年第 10 期。

提出，党组（党委）对本单位（本系统）执行有关党内法规负主体责任，领导、组织、推进本单位（本系统）党内法规执行工作。

五是基层党组织责任。基层党组织是党在社会基层组织中的战斗堡垒，是党的全部工作和战斗力的基础，在推动党内法规执行中负有重要责任。考虑到不同基层党组织的功能和作用有所不同，《规定》分两类对基层党组织执行党内法规责任作出规定：第一类，街道、乡镇党的基层委员会和村、社区党组织，国有企业党委，实行党委领导下的行政领导人负责制的事业单位党组织，对本地区本单位执行有关党内法规负主体责任，领导、组织、推进本地区本单位党内法规执行工作。第二类，党和国家机关、社会组织、非公有制经济组织等其他单位中党的基层组织，按照规定推动有关党内法规在本单位的执行。[1]

六是党员领导干部责任。党员领导干部在执行党内法规中发挥领导、组织、表率等重要作用。据此，《规定》提出，党员领导干部应当敢于担当、勇于负责，以上率下、以身作则，带头学习宣传党内法规，带头严格执行党内法规。党委（党组）书记应当认真履行本地区本单位党内法规执行第一责任人职责，分管党内法规工作的班子成员承担党内法规执行直接责任，其他班子成员按照“一岗双责”要求抓好分管领域党内法规执行工作。

七是党的纪检机关责任。党的纪检机关是党内监督的专责机关，在监督推动党内法规执行上负有独特重要职责。据此，《规定》提出，党的纪检机关应当带头严格执行党内法规，并对其他党组织和党员领导干

（1） 参见中办法规局研究室:《〈中国共产党党内法规执行责任制规定（试行）〉，这样做！》，《秘书工作》2019 年第 10 期。

部履行执规责任进行监督检查，切实维护党章和其他党内法规。

第三，强化责任履行，解决“怎么执规”问题。《规定》认真总结执规规律，针对实践中存在的问题创造性提出了执规责任履行机制和方式方法。

一要部署推动执规工作。《规定》要求，党委（党组）每年至少召开 1 次会议专题研究党内法规执行工作。专题会议主要是总结分析研判本地区本单位党内法规执行工作形势，部署安排具体任务和举措，推动解决党内法规执行中的重大问题。

二要组织学习培训。执规责任履行得怎么样，党员领导干部的制度意识、执规意识至关重要。《规定》提出，党委（党组）应当将党内法规纳入理论学习中心组学习和干部教育培训的重要内容。这有利于实现党员领导干部学习党内法规经常化制度化。

三要开展宣传教育。《规定》按照“谁牵头执规，谁负责宣传法规”原则，提出牵头执行部门应当将党内法规宣传教育作为履行执规责任的重要方面，加大党内法规宣传教育力度。这有利于进一步开展形式多样、务实有效的党内法规宣传教育，推动党组织和党员尊规学规守规用规。

第四，加强责任监督，解决“不执规怎么办”问题。为督促执规责任得到有效落实，《规定》建立对履行执规责任的监督、考核、实施评估和问责制度。

一要健全监督机制。《规定》提出，上级党组织应当加强对下级党组织和党员领导干部履行执规责任情况的监督，对重要党内法规的执行情况进行督导检查，对发现的普遍性问题在一定范围内通报。同时，各级党组织要重视发挥党员、群众和新闻媒体等在监督执规责任履行中的积极作用，推动形成执规工作合力。

二要加强履责考核。《规定》提出，党组织和党员领导干部履行执规责任情况，应当纳入领导班子和领导干部考核内容，可以与党风廉政建设责任制、党建工作、法治建设等考核相结合。

三要开展实施评估。《规定》提出，党内法规制定机关可以视情对党内法规执行情况、实施效果开展评估，督促党组织和党员领导干部履行执规责任，推动党内法规实施。同时，《规定》对实施评估范围、方式、报告形成等具体事项作出规定。

四要严格责任追究。《规定》建立了党内法规执行责任追究制度，对追究党组织和党员领导干部责任的情形作出了明确规定。

三、如何做到严格落实执规要求确保法规见效

《规定》是各级党组织和党员领导干部抓好党内法规执行的具体遵循。落实党内法规执行责任，首先必须严格抓好《规定》的执行。各级党组织和党员领导干部要按照《规定》要求，守初心、担使命、找差距、抓落实，认真履行执规责任，确保党内法规落地见效。

第一，提高执规站位。党内法规体现了党内的意愿和提议，为党和国家事业提供了重要的制度保障。实施党内法规涉及党要管党，事关维护以习近平同志为核心的党中央权威和集中统一领导，事关全面依法治国。各级党组织和党的领导干部要深刻理解党内法规的含义，增强“四个意识”、坚定“四个自信”、做到“两个维护”，切实担负起执行党内法规的政治责任。

第二，扛起执规责任。责任已经明确，关键在于落实。各级党组织和党员领导干部要按照《规定》要求，守土有责、守土负责、守土尽

责，切实扛起领导、统筹、牵头、配合、监督等执规责任。要把履行执规责任摆上重要议事日程，坚持真抓、严管，经常研究、部署、检查、督促，扎扎实实地抓好党内法规执行，坚决反对形式主义、官僚主义，坚决防止口号喊得震天响、执行起来轻飘飘，坚决防止“上热中温下冷”、执行效果层层递减，不得上面推一推下面抓一抓，不得做表面文章、搞虚假执行机械执行烦琐执行，不得选择性执行、打折扣、搞变通，确保执规责任真正落实，确保党内法规真正落地。

第三，落实执规要求。落实党内法规执行责任，要坚持高标准、严要求，特别是落实好《规定》提出的 4 项执规基本要求。我们必须按照党内法规规定的职权和义务严格履行自己的职责和工作，既不能有责任不履行，也不能有责任乱履行。我们必须严格遵守规则和规定，不妥协，不搞例外。我们不应该降低门槛或标准，也不应该当好好先生。我们必须坚决防止失之宽、失之软，并确保党内法规得到有效执行。党内法规必须公正地执行，每个人在党的规则和规定之前都必须是平等的。不应该有任何的特殊，也不应该有任何特殊的党员不受党的规则和规定的约束。党内法规应在标准化的基础上执行，严格按照规定的主体、权力和程序执行，而不是任意执行。

第四，增强执规能力。党内法规执行不力，有的是缺乏执行底气，有的是缺乏执行能力。各级党组织要按照《规定》要求，采取有效措施，加强执规能力建设。为此，加强教育工作，及时学习党内法规，掌握党的基本精神、基本内容和执行规则要求，提高党员干部遵守规则和规定的意识，提高他们的专业素质和工作能力。我们要使自由裁量标准化，使党内法规更加标准化、更加科学。我们要将执行程序标准化，梳理和明确执行党内法规的步骤、时间、方法。我们要严格遵循执行程序，一步一步地有效提高党内法规的执行水平，并不断提高执行效率。[1]

·案例链接·

甘肃平凉：

力促党内法规制度执行到位

甘肃省平凉市各级纪检监察机关严格落实党内法规执行责任制，不断加强党内法规制度建设，切实维护制度权威，保障制度执行，持续推动全面从严治党向纵深发展。

该市纪检监察机关狠抓法规制度的学习培训，确保应知应会、必知必会。市纪委监委班子成员发挥“头雁效应”，通过理论中心组集中专题学习、常委会会议跟进学习、开设专题学习研讨等，全面学习掌握中央和省出台的每一项法规制度。全市纪检监察干部采取“集体学+个人学”、相互交流促进学等方式对监督执纪执法法规制度精读、细读。举办全市纪检监察业务知识竞赛，开展新调入干部导师传帮带活动，抽调基层纪检监察干部到市县纪委监委跟班轮训，全体纪检监察干部实践能

（1） 参见中办法规局研究室：《切实扛起党内法规执行责任》，《秘书工作》2019年第10期。

力得到有效提升，切实增强了运用法规制度开展工作的本领。

该市纪检监察机关对标对表修订完善制度，确保执行规定不跑调、不走样、不脱轨。2019 年以来，市纪委监委围绕贯彻《重大事项请示报告条例》，加强审查调查工作，提升工作质效，推动协作配合、纪法贯通、法法衔接，提高信访工作规范化水平，出台政策法规性文件 13 件，完成政策法规性文件备案 12 件，基本涵盖纪检监察各项工作、各个环节、各个岗位，形成了以制度管权管人管事的约束监督体系。

市纪委监委严格按照制度程序办事，定期向省纪委监委和市委报告工作情况，重大问题和重要事项及时请示汇报。将各项法规制度贯彻落实到监督检查、审查调查、案件监督管理、案件审理等业务工作的各环节、各方面，查找存在的问题和需要改进的地方，逐项改进和完善。坚持把开展内部巡察和执纪监督监察专项自查工作作为加强内部监督、解决和防止“灯下黑”问题的重要举措，集中时间以“十查十看”和机关审查调查工作为重点，组织开展县（市、区）纪委监委内部巡察和市纪委监委机关执纪监督监察专项自查工作，共发现各类问题 190 个，对 37 名纪检监察干部问责处理。

（摘编自甘肃纪检监察网 2020 年 10 月 10 日）

案例分析

为严格落实党内法规执行责任制，平凉市各级纪检监察机关不断加强党内法规制度建设，力促党内法规制度执行到位。一是狠抓法规制度的学习培训，确保应知应会、必知必会。发挥“头雁效应”，通过组织各种专题学习、常委会会议跟进学习、开设专题学习研讨等，全面学习掌握中央和省出台的每一项法规制度。二是对标对表修订完善制度，确保执行规定不跑调、不走样、不脱轨。形成了以制度管权管人管事的约束监督体系。三是市纪委监委严格按照制度程序办事，定期向省纪委监委和市委报告工作情况，重大问题和重要事项及时请示汇报，将各项法规制度贯彻落实到各项工作的各个方面，使党内法规落到实处，确保党内法规落地见效。

第四章

调查研究是做好基层工作的一项基本功

·政策背景·

没有调查就没有发言权，调查研究是谋事之基、成事之道，是我们党的优良传统，是做好各项工作的基本功，是发现问题、分析问题、解决问题的重要手段。

习近平总书记多次强调要在全党大兴调查研究之风，要求唯真求实，拿出过硬措施整治形式主义、官僚主义种种新表现，并带头开展调查研究，以一系列科学决策和成功实践推动党和国家事业取得历史性成就、发生历史性变革。2018 年 3 月 28 日，中共中央办公厅印发《关于加强调查研究提高调查研究实效的通知》，对领导干部调查研究工作提出了明确要求。指出面对错综复杂的国内外形势和瞬息万变的各方面情况，面对新时代的新任务新挑战，必须加强调查研究、提高调查研究实效。一是坚持和完善重要决策调研论证制度，把调查研究贯穿科学决策的全过程，使调查研究真正成为重大决策的必经程序。二是建立健全调研成果落实制度，推动调研成果应用。三是建立健全调研督察纠风机制，确保领导干部能够以良好作风开展调查研究。四是坚持和完善领导干部调研工作制度。重在要求主要领导干部带头调查研究，拿出一定时间深入基层，亲自参与重大问题调研。习近平总书记指出：“调查研究是谋事之基、成事之道。没有调查，就没有发言权，更没有决策权。”党的二十大报告指出，弘扬党的光荣传统和优良作风，促进党员干部特别是领导干部带头深入调查研究，扑下身子干实事、谋实招、求实效。广大领导干部要深刻认识加强调查研究、提高调查研究实效的极端重要性，牢固树立重视调研、主动调研、深入调研的鲜明导向，练好调查研究这个基本功，着力在调查研究中提高科学决策能力、群众工作能力、改革攻坚能力，不断增强工作本领，确保提高调查研究实效。

·实践探索·

2011 年 11 月 16 日，习近平在中共中央党校秋季学期第二批入学学员开学典礼上讲话时指出：“调查研究是做好领导工作的一项基本功，调查研究能力是领导干部整体素质和能力的一个组成部分。”进入新时代，习近平总书记多次强调调查研究问题，并身体力行作出示范。当前，中华民族伟大复兴的历史进程正有序推进，世界百年未有之大变局在加速演变，面对诸多新情况、新问题和新矛盾，如何才能有效找到准确而又科学的答案，这些都要求我们党的各级领导干部，尤其是年轻干部提高调查研究能力，将党的优良传统发扬光大，为科学决策奠定坚实基础，以应对时代挑战，迎接时代之问。

一、为什么说没有调查就没有发言权

调查研究是指通过各种途径，运用各种方式方法，有计划、有目的

地了解事物真实情况，进行分析加工，从而获得对客观事物本质和规律的认识。1930 年 5 月，毛泽东为了反对当时红军中存在的教条主义思想，专门写了《反对本本主义》一文，提出“没有调查，没有发言权”的著名论断，将社会调查工作提到指导中国革命的高度，并将从事社会调查作为真正的共产党人的显著标志。当前，提高领导干部调查研究能力是继承和发扬党的优良传统的需要，是实现党在新时代的历史使命的必然要求，也是各级领导干部解决本领恐慌、解决新时代问题的迫切需要，还是各级领导干部与时俱进的永恒课题。

1. 提高调查研究能力是继承和发扬党的优良传统的需要

调查研究是共产党人重要思想方法和工作方法。习近平总书记指出：“重视调查研究，是我们党在革命、建设、改革各个历史时期做好领导工作的重要传家宝。”在马克思主义和中国实际相结合的过程中，中国共产党人始终把调查研究放在重要位置。毛泽东一生做了大量调查研究，写下了大量调研报告，如《湖南农民运动考察报告》《中国佃农生活举例》《寻乌调查》《兴国调查》《东塘等处调查》《木口村调查》《长冈乡调查》《才溪乡调查》等。这些调查研究活动使他准确把握了中国基本国情，带领全党走出了一条工农武装割据、农村包围城市的符合中国国情的革命道路。

《湖南农民运动考察报告》是收入《毛泽东选集》的唯一一篇调查报告。这篇报告是毛泽东为了答复当时党内党外对于农民革命斗争的责难而写的。为此，毛泽东到湖南，从 1927 年 1 月 4 日起至 2 月 5 日止，共 32 天，实地考察了湘潭、湘乡、衡山、醴陵、长沙 5 县的情况。在乡下，在县城，他召集有经验的农民和农运工作同志开调查会，仔细听他们的汇报，所得材料不少。正如毛泽东自己所说，许多农民运动的道理，和在汉口、长沙从绅士阶级那里听得的道理，完全相反；许多奇事，则见所未见，闻所未闻。正是因为有这样的体会和收获，所以《湖南农民运动考察报告》以其强大的现实说服力在当时引起了广泛关注。在历史的紧要关头，调查研究为革命进一步指明了方向，推动了农村大革命运动的继续发展。

2015 年 6 月 12 日，习近平总书记在纪念陈云同志诞辰 110 周年座谈会上，深情地回忆了陈云的革命生涯和崇高风范，指出："依靠调查研究作决策，是陈云同志坚持实事求是的思想方法和工作方法。每逢重大决策之前，陈云同志总要做大量调查研究，听取多方面意见。"习近平始终坚持调查研究的工作作风，这种作风在他 15 岁到陕西省延川县文安驿镇的梁家河村插队落户时就已显现。回顾农村插队的 7 年，他认为最大的收获是懂得了什么叫实际、实事求是。我们要牢记毛泽东的至理名言，坚持调研开局、调研开路，凡事眼睛向下，先当学生，不耻下问，问计于基层、问计于群众，每年至少用 1/2 以上时间深入基层和部门调查研究。调查研究是谋事之基、成事之道，是我们党的优良传统。在新时代，领导干部提高调查研究能力就是继承和发扬这个优良传统的需要。

2. 提高调查研究能力是实现新时代目标任务的必然要求

中国特色社会主义新时代，是决胜全面建成小康社会、进而全面建设社会主义现代化强国的时代。2020 年已全面建成小康社会，实现了我们党对历史、对人民作出的庄严承诺。从 2020 年到 2035 年，我国要基本实现社会主义现代化。从 2035 年到 2050 年，把我国建成富强民主文明和谐美丽的社会主义现代化强国。可以说，党的十八大以来，我们努力奋斗，着力完成党既定的奋斗目标，同时，我们在所取得的历史性成就的基础上，展望未来发展前景，根据国情适当调整发展目标，这些都与我们的实际情况相符。

尽管我们调整了发展目标，仍然要明确：当前，我们虽然依然处在社会主义初级阶段，但是已经进入了改革开放的深化期，已经进入实现第二个百年奋斗目标的新征程，遇到的社会矛盾和问题不同于改革开放初期，而且相当错综复杂。这种错综复杂，一方面是因为前景无比广阔，我们的奋斗目标需要我们付出更多的努力；另一方面是因为内部外部环境的变化需要我们时刻提高警惕，时时刻刻准备应对各种风险和挑战。这就需要各级领导干部提高调查研究能力，通过调查研究明确我们所处的发展环境以及如何应对环境挑战。

3. 提高调查研究能力是各级领导干部在新时代解决本领恐慌的迫切需要

2013 年 3 月 1 日，习近平总书记在中共中央党校建校 80 周年庆祝大会暨 2013 年春季学期开学典礼上的讲话中指出，本领恐慌在党内相当一个范围、相当一个时期都是存在的，并要求“全党同志特别是各级领导干部，都要有本领不够的危机感，都要努力增强本领，都要一刻不停地增强本领”。实现党的各项目标任务，做好方方面面的工作，对我们的本领提出了新的要求。只有全党的本领不断增强，中华民族伟大复兴的中国梦才能梦想成真。

新时代的本领恐慌，往往并不是由于干部的知识储备不够，而是由于知识的折旧速度加快所引起的，另外还有社会事务复杂程度所带来的干部专业知识不足以应对一些专业问题。干部能力的短板和缺陷，需要干部自身明确应该从哪些路径入手，着手解决自身的能力问题。同时需要干部时时刻刻具备“本领恐慌”的危机感，不断地鞭策自己。然而，现实中缺乏“本领恐慌”的危机感，未能认识到自身能力与时代发展、工作需要之间存在鸿沟的领导干部依然为数不少。当今时代，知识更新周期大大缩短，各种新知识、新情况、新事物层出不穷。如果我们不努力提高各方面的知识素养，不自觉学习各种科学文化知识，不主动加快知识更新、优化知识结构、拓宽眼界和视野，就难以增强本领，也就没有办法赢得主动、赢得优势、赢得未来。因此，全党同志特别是各级领导干部都要有加强学习的紧迫感。

二、如何坚持问题导向着力解决实际问题

调查研究是为了寻找问题、解决问题，而不是为了摆花架子和作秀，因此，对各级领导干部来说，必须坚持问题导向，着眼于解决实际问题去调研。从这个角度来理解领导干部调查研究能力的基本要求，就必须紧紧扣住 3 个最根本的问题：其一，调查研究是为了什么；其二，调查研究要做什么；其三，调查研究要怎么做。只有围绕这 3 个问题，领导干部调查研究能力的提升才有了坚实的基础。

1. 调查研究是为了什么

调查研究要有的放矢，即用调查研究这支“箭”射群众问题这个“的”。也就是说，我们要明确调查研究是为了解决什么问题。在开展每一项调查研究之前，都必须对这个问题心中有数，只有在此基础上，才能使调查研究真正有针对性。2005 年 8 月 26 日，习近平在《浙江日报》的《之江新语》专栏中指出：“正确的决策，绝对不是一个人或者一堆人，不做调查研究，坐在房子里苦思冥想就能产生的，它要在人民群众改革发展的实践中才能产生。我们担负领导工作的干部，在对重大问题进行决策之前，一定要有眼睛向下的决心和甘当小学生的精神，迈开步

子，走出院子，去车间码头，到田间地头，进行实地调研，同真正明了实情的各方面人士沟通讨论，通过‘交换、比较、反复’，取得真实可信、扎实有效的调研成果，从而得到正确的结论。调查研究就像‘十月怀胎’，决策就像‘一朝分娩’。调查研究的过程就是科学决策的过程，千万省略不得、马虎不得。”2022 年 12 月 26 日，习近平总书记在中共中央政治局民主生活会上强调，要大兴调查研究之风，多到分管领域的基层一线去，多到困难多、群众意见集中、工作打不开局面的地方去，体察实情、解剖麻雀，全面掌握情况，做到心中有数。

调查研究是一个不断地和群众进行互动，从而不断地从群众中汲取智慧的过程，因为任何好的办法都不是凭空想出来的，它只能来自实践。领导干部搞调查研究，就是要广泛地听取各行各业群众提出来的好意见和好建议，认真学习各地区各部门在实践中摸索试验出来的新办法和新思路，在此基础上形成科学的政策和科学的制度，把政治智慧的增长、执政本领的增强深深扎根于中国社会火热的创造性实践之中。

2. 调查研究要做什么

调查研究和新闻工作一样，都要坚持真实、全面、客观。这就要在调研中避免走马观花、蜻蜓点水，避免一得自矜、以偏概全。

第一，要了解真实。“真实”是调研的生命，只有掌握真实的第一手材料，才能为工作实践提供有益参考。陈云说过：“领导机关制定政策要用百分之九十以上时间作调查研究工作，最后讨论作决定用不到百分之十的时间就够了。”“片面性总是来自忙于决定政策而不研究实际情况。”为什么我们现在有些决策的针对性和可操作性不强，说到底，根子还是在于调查研究少了一点儿，“情况不明决心大，心中无数点子多”。在下基层调研中，一些基层干部习惯按设定路线为领导做向导。其中，既有安全保卫方面的考虑，也不免夹带着对陌生对象、其他未筛选的地点冷不防向上级领导抖出有损“颜面”问题的担心。但是，矛盾最多、困难最大的地方往往集中体现在这些令人不太舒服的地方。因此，“临时路线”只是一个现象，其本质是调查研究的领导干部对真实情况的渴望。只有在了解真实情况下作出的决策才是科学的，才是符合人民利益的。这就要求我们的各级领导干部敢于和善于了解人民群众真实的生产生活状况，为科学决策获取第一手资料。只有这样实事求是地贴近群众，才能避免官僚主义带来的危害。

第二，要把握全面。在调查研究中，我们要多层次、多方位、多渠道把握利益相关的不同方面，尤其是对立双方的情况。毛泽东当年的才溪乡调查就是了解全面情况的一个典范。

1933 年 11 月下旬，毛泽东率领中央通讯排警卫班的战士，从瑞金出发，经长汀县的水口、上杭、官庄，长途跋涉，风尘仆仆来到才溪。一来到才溪，他就找了区乡干部，在才溪区苏维埃政府召开座谈会。在会上，毛泽东倾听了干部关于才溪人民扩大红军、优待红军家属、政权建设、生产支前、经济建设、物价对比、文化教育等方面的情况汇报。随后，毛泽东还相继召开了工人代表、贫农代表、耕田队长等调查会。当时毛泽东问得很具体、细致，态度非常平易近人，非常谦虚，风趣幽默，会上有问有答，有讨论，会开得很活跃。毛泽东听后一一做了笔记。可以说，在才溪乡调查中，毛泽东不仅听党员干部的，还听普通群众的；不仅了解经济方面的情况，而且了解文化建设、扩红等各方面的情况。这样的调查研究才是全面的调查研究。

第三，要保持客观。习近平总书记就曾经批评过一种现象：现在有的干部善于察言观色，准备了几个口袋，揣摩上面或领导的意图来提供材料。这句批评可谓一语中的。现实中，领导干部要时时刻刻注意下面提供的材料，要能够判断这些材料中哪些是真实的，哪些是夸大的，哪些是掩盖了问题的。当然，对有些问题的判断并不是一时半会能够作出的，需要更多时间，但是，作为领导干部，内心应该对此保持清醒。当然，客观不等于没有立场。我们党始终要维护最广大人民群众的利益，人民立场就是我们党的根本立场。

3. 如何提高调查研究的能力

扎实提高调查研究的能力，就是不断创新调查研究的方法，讲究调查研究的艺术，遵循调查研究的规律。调查研究搞不好，是因为没有客观真实的“第一手资料”，也就谈不上科学决策。习近平总书记认为，“调查研究是正确决策的基本功，也是参政议政的基本功。做决策本身并不难，难的是对情况的准确把握”。领导干部只有做好调查研究，才能准确把握科学决策的“源头活水”，才能制定出合乎客观实际的政策措施，确保在工作中少走“弯路”和“错路”。

今天，信息手段十分发达，利用信息工具了解和掌握情况，也是一种方式，而且是越来越重要的方式。但不管通信手段多么发达，有多少了解情况的其他渠道，都不能代替亲自深入实际、深入基层、深入群众进行实地的调查研究。因此，领导干部要有“亲自出马”的意识。“亲自出马”意味着要“身入”实际、“心至”群众，不能只是满足于查看资料，听取汇报，要多同群众座谈，多同干部谈心，多解剖典型，多到困难和矛盾集中、群众意见多的地方去。要具有典型调查研究的意识。“麻雀虽小，五脏俱全”，毛泽东曾把典型调查生动地比作“解剖麻雀”。通过对个别典型的科学剖析，求得对普遍情况的真正了解以及对一般规律的正确认识，找准调查研究工作的切入点和着力点，使调研工作更具有针对性。领导干部“亲自出马”的深度调研，与调研对象面对面接触，这种调查方法看似费时费力，但获取的资料是最丰富、最真实的。

三、如何在调查研究中提高工作本领

在当前实现中华民族伟大复兴的历史进程中，面对世界百年未有之大变局，领导干部必须提高调查研究能力，为此，必须从以下几个方向去努力。

1. 实现调查研究经常化

在新时代要大力弘扬调查研究，就必须在坚持和加强调查研究方面制定一系列行之有效的制度，并在实践中不断完善，切实抓好贯彻落实，使调查研究真正成为各级领导干部自觉的经常性活动。

第一，要通过制度机制的设计，把调查研究贯穿重大决策的全过程，使调查研究真正成为重大决策的必经程序。对本地区本部门事关改革发展稳定全局的问题，应坚持做到不调研不决策、先调研后决策。提交讨论的重要决策方案，应该是经过深入调查研究形成的，有的要有不同决策方案作比较。特别是涉及群众切身利益的重要政策措施出台，要采取听证会、论证会等形式，广泛听取群众意见。比如，对于如何扎实推进政府协商，《关于加强社会主义协商民主建设的意见》一方面强调协商事项目录的探索制定和公布机制；另一方面，对于“未列入目录的事项”，强调要“根据实际需要进行沟通协商”。也就是说，什么问题需要协商、什么问题不需要协商，应根据实际需要来决定。该意见提出，涉及经济社会发展重大问题、重大公共利益或重大民生的，重视听取社会各方面的意见和建议，吸纳社会公众特别是利益相关方参与协商。当前，我国在建立健全重大项目、重大社会稳定决策风险评估机制上，已取得实质性进展。上海、江苏、浙江、四川等地纷纷推进重大项目、重大决策社会稳定风险评估的“试点”，并结合自身实际展开了有益探索，取得了有价值的实践经验。

第二，各级领导机关主要负责人要以身作则，带头做调查研究。领导干部带头调查研究，必须拿出一定时间深入基层，特别是主要负责人必须亲自主持重大课题的调研，拿出对工作全局有重要指导作用的调研报告。在河北省正定县任职的那些日子里，习近平率先垂范，从不在办公室闲坐，不但跑遍了全县所有村，还常在县城大街上临时摆桌子，听取群众意见。那段时期正定形成的许多文件和重大决策，都跟这些调研有关系。1983 年 7 月，习近平带领全县人民大胆改革，冲破了“经济上农业单打一，农业上粮食单打一”的模式，实施改革兴县、工业兴县、科技兴县、人才兴县、文化兴县、旅游兴县，走“半城郊型经济”(1)发展之路。由此，正定大地掀起了前所未有的经济发展热潮，全县上下形成了“党风正、干群和、干劲大、硕果丰”的大好局面，正定甩掉了“高产穷县”的帽子，开始步入发展快车道。

党政主要领导干部要率先垂范，关心基层群众和基层问题。党政领导干部不仅要“身入”基层，更要“心到”基层，始终关心基层联系点，关心联系点的群众。毛泽东 1930 年在江西省寻乌县调查时，直接与各界群众开调查会，掌握了大量第一手材料，诸如该县各类物产的产量、价格，县城各业人员数量、比例，各商铺经营品种、收入，各地农民分了多少土地、收入怎样，各类人群的政治态度，等等，都弄得一清

（1） 半城郊型经济是指既有城郊型经济依托城市、商品生产比较发达、城乡关系比较密切、工农结合比较紧密的特点，又有农村经济的某些特点，是两类经济结合的中间型经济。

二楚。这种深入、唯实的作风值得我们学习。走近基层群众，锤炼优良作风，就要实实在在接地气。到联系点调查研究，要真心实意地交朋友、拉家常，通过面对面交流，直接了解基层干部群众的所想、所急、所盼。近年来，有些领导干部包括有的省部级干部不打招呼、不要陪同，一竿子插到底，直接深入基层和群众之中进行调查研究。一些省区市和中央部委开展“领导干部下基层”“进千村入万户”等活动，每年安排一批干部到村镇、社区和其他基层单位蹲点，深入基层、深入一线，与群众零距离接触、与干部面对面交流。

2. 坚持到群众和实践中去

调查研究的过程是一个向群众学习的过程，也是一个发现问题、解决问题的过程。现实社会中，一些地方、机关单位追求“文山会海”“报表”“留痕”，而不去抓工作落实，这令基层干部深恶痛绝。个别地方以材料论政绩、以“笔杆子”验能力，造就了一批“纸老虎干部”：他们经常加班熬夜写材料，看似态度端正，干劲十足，似乎对基层情况熟悉，对一些工作有发言权；但是，由于缺乏扎实的调研做后盾，他们真到了基层、到了群众面前，既立不住也撑不起。不坚持实事求是，不愿深入调查研究，就容易不自觉地犯形式主义的错误。因此，所谓调查研究要到实践中去，是指在调查研究中要加强对重大问题研究，把情况查明、把症结找准、把对策定实，确保把问题解决到点子上，确保作出的决策是高质量的。

3. 认真研究分析调研所得

对调查得来的大量材料和情况，要加大研究分析力度，认真提取分析其中的有用信息、无用信息，重要信息和非重要信息，为下一阶段的决策作准备。

第一，领导干部要坚持从政治上研究和把握问题。调研所得的材料往往是不系统的，需要有一个去粗取精、去伪存真、由此及彼、由表及里的过程。在这个过程中领导干部必须学会思考、分析、综合，要善于透过现象看本质，防止偏听偏信，防止只调查不研究。在研究分析调研材料的过程中，对几种问题要区别对待：对认识尚不统一的问题，要重视从理论上深入研究分析；对具有一定历史纵深的问题，要增强历史感，充分考虑其历史背景和历史条件；对与产业相关的事宜，加大统计分析力度，既作数量上的统计，也作结构上的分析。

第二，领导干部不但要善于“研读”信息，而且要善于“研判”问题。真正的调研应当做全方位、深层次的“研判”，调研者要充分发挥主观能动性去洞察问题、处理信息、深思熟虑，在决策中还要体现人文关怀，探究合理合法又带有温度的解决之道。

4. 及时转化调研成果

调查研究不是最终目的，最终归宿是“到实践中去”，推动问题的解决，推动工作的发展，因此，要及时转化调研成果。调研成果的转化，分为以下几种情况。

第一，对经过充分研究、比较成熟的调研成果，要及时上升为决策部署，转化为具体措施。所谓经过充分研究、比较成熟的调研成果，是指在调查的前期做了精密准备、调查中精心组织实施、调查后及时研究调查材料和信息，从而形成了比较科学的调研报告，产生了能够为科学决策提供依据的调研成果。当前，仍有一些领导干部在调研成果转化为决策部署上的意识不强，只注重调研的过程而忽视了结果，导致调研成果质量不高，无法有效地被上级领导所采纳。因此，对这种调研成果，不能束之高阁，扔进故纸堆，应该及时将其上升为决策部署，转化为具体措施，进而让其在实践中充分发挥作用。

第二，对尚未研究透彻的调研成果，要更深入地听取意见，完善后再付诸实施。尚未研究透彻的调研成果，往往是因为所调研的问题在实践中还未充分显现，或者调查的现象纷繁复杂，还难以对这些纷繁复杂的现象做去粗取精、去伪存真、由此及彼、由表及里的加工，对其进行有效科学的研究还存在困难，还需要多方论证，因此，对于尚未研究透彻的调研成果，一定要扩大听取意见的范围，并且在程度上予以加深，在调研成果实施前要得到较高程度的完善。

第三，对已经形成举措、落实落地的，要及时跟踪评估，视情况调整优化。依据充分研究、比较成熟的调研成果所作出的决策、制定的措施，在实施的过程中不大可能以理想化的状态运行，有可能遇到新的问题，也有可能遇到理论推理与现实不符的情况，也有可能出现“按下葫芦浮起瓢”的情形导致原有政策失效，也有可能出现一些新的干扰因素导致政策实施困难重重。因此，对已经形成举措、落实落地的，要及时跟踪评估，视情况调整优化。

总之，中国特色社会主义进入新时代，面对诸多新情况、新问题和新矛盾，想要有效找到准确而又科学的答案，就必须不断提升调查研究的能力。调查研究是我们党的传家宝，是做好各项工作的基本功。年轻干部“一定要学会调查研究，在调查研究中提高工作本领”，为中国特色社会主义伟大事业作出更大的贡献。

·案例链接·

四川：

以实实在在的调查研究助推儿童福利服务体系建设

四川省儿童工作面宽量大、情况复杂，为破解瓶颈、找准定位，四川省民政厅深入开展了儿童福利服务体系建设情况调研。调研发现，四川省儿童福利工作是以保障型、补缺型为主的支持体系，存在覆盖范围狭窄、工作力量不足、保障标准偏低、部门边界职责不清、社会力量参与不充分等问题。对此，四川省民政厅提出"一普四分"的工作思路，即坚持适度普惠的总基调和"分层推进、分类立标、分标施保、分地立制"的工作理念，把调研成果转化为政策文件推动落实，以实实在在的调查研究助推新时代四川省民政事业高质量发展。

第一，强化市县保障能力。研究表明，要推进市县两级儿童福利指导中心和未成年人保护中心转型升级，促进市级救助管理机构与未成年人救助保护机构分离，在民政部门指导下有效承担农村留守儿童关爱保护和困境儿童保障工作联席会议成员单位日常联络协调等工作，以弥补市县两级民政力量薄弱的问题。2020 年 12 月，四川省民政厅会同 15 个部门联合下发《关于印发〈进一步健全农村留守儿童和困境儿童关爱服务体系实施方案〉的通知》。2021 年 11 月，四川省 90% 的市（州）通过新增、挂牌、内部划转等方式完成了机构转型工作，有效解决了儿童福利保障能力不足问题。

第二，夯实一线工作力量。研究表明，要明确儿童主任的选用条件，推进村儿童主任、村妇联主席、共青团“童伴妈妈”一肩挑，适当降低“童伴妈妈”待遇标准、扩大覆盖面，解决“儿童之家”的阵地运营管理及“儿童主任”待遇问题。2021 年 11 月，四川省儿童主任、村妇联主席、共青团“童伴妈妈”一肩挑覆盖率达 98%。结合村级建制调整改革，全省儿童主任平均年龄下降 3 岁，平均学历达到了高中文化，女性比例高达 98%。

第三，引导社会力量参与。研究表明，四川省级儿童福利服务资金的重点投入方向应由“补砖头”向“补服务人头”转变，要加大资金投入，延长项目周期，提升社会力量购买服务效果。同时，建立优质儿童项目、优秀儿童工作专业组织、优秀儿童社工“三评”机制和标准，对实施效果较好的项目进行补贴推广，对优秀组织和社工承接项目给予优先待遇并适当补贴。促进优质项目、专业化组织、儿童类专业社工在四川省“倍增”和可持续发展。四川省民政厅优化调整省级资金投向，儿童福利领域资金投入购买服务比例从 40% 提高到 70%；制定《四川省儿童福利领域社会组织参与购买服务相关资质参考标准》，规范儿童福利购买服务市场。

第四，按需加强服务供给。研究表明，要结合地域实际和儿童需求，按照“城市社区、集镇社区、民族区域社区”三类设计儿童服务项目。城市社区儿童对象主要是本地居民和外来务工子女，重点围绕兴趣爱好培养、促进融入、“4：30 学校”延时托管设置服务。集镇社区留守儿童较多，更加侧重儿童主任对留守儿童安全需求、医疗需求、定期探访、心理疏导等方面的服务保障，围绕课业辅导、情感慰藉、娱乐活动以及结合农村地域特色、农耕文化等设置服务项目；民族地区社区以促进民族融合等为主要方向，针对性开展“百镇千村助爱牵手”“快乐同行”“彝路相伴”等政府购买服务项目。2021 年 11 月，四川省通过制定《四川省儿童工作“1+1+5”公共服务范本》，推动打造了 1000 个儿童之家示范点，为不同地域和不同类型的儿童提供更有针对性的服务。

（摘编自《中国民政》2021 年第 23 期）

案例分析

四川省民政厅经过对儿童福利服务体系建设情况的深入调研，对于福利体系覆盖范围狭窄、工作力量不足等问题推出相应应对方法：一是强化市县保障能力。通过新增、挂牌、内部划转等方式完成了机构转型工作，有效解决了儿童福利保障能力不足问题。二是夯实一线工作力量。明确儿童干部的选用条件，“儿童之家”的阵地运营管理及“儿童主任”待遇等一线具体问题。三是引导社会力量参与。加大资金投入，创立优秀项目、组织、社工机制和标准等，使全社会参与其中。四是按需加强服务供给。通过《四川省儿童工作“1+1+5”公共服务范本》，打造儿童之家示范点，为不同地域和不同类型的儿童提供更有针对性的服务。四川省民政厅把调研成果转化为政策文件推动落实，以实实在在的调查研究助推新时代四川省民政事业高质量发展。

第五章

审时应变，提高重大突发事件的处置能力

·政策背景·

在 2020 年秋季学期中共中央党校（国家行政学院）中青年干部培训班开班式上，习近平总书记围绕全面提高新时代广大干部解决实际问题能力的主题提出了 7 点具体要求，“干部特别是年轻干部要提高政治能力、调查研究能力、科学决策能力、改革攻坚能力、应急处突能力、群众工作能力、抓落实能力”。“预判风险是防范风险的前提，把握风险走向是谋求战略主动的关键。”党的二十大报告强调，提高重大突发公共事件处置保障能力。

世界处于百年未有之大变局，国内外的发展情况总体上是好的，但也面临各种各样的不确定性。例如，2020 年初开始的新冠病毒感染疫情，使各国都遭受严峻考验，这就是风险发生的不确定性。所以，有效应对风险的关键是预判风险。不管发生的是“黑天鹅”事件还是“灰犀牛”事件，都要有监测和预警，只有这样才能在风险发生之后，对风险的走向有所把握，才能取得战略主动，否则就会难以抉择。在提高应急处突能力上，习近平总书记的讲话主要强调了 3 个要素，即我们要处理好这 3 个方面的工作：一要增强风险意识，下好先手棋、打好主动仗，做好随时应对各种风险挑战的准备；二要努力成为所在工作领域的行家里手，不断提高应急处突的见识和胆识，对可能发生的各种风险挑战，要做到心中有数、分类施策、精准拆弹，有效掌控局势、化解危机；三要紧密结合应对风险实践，查找工作和体制机制上的漏洞，及时予以完善。这就要求年轻干部立场坚定、冷静果断，要有敢为人先的魄力、敢闯敢试的胆识；面对违法乱纪的问题，要牢牢把握政策的底线、维护法律的红线；面对容易失控的群体性问题，要坚持一切为了人民、一切依靠人民，依靠群众来掌握主动权。

·实践探索·

“知者善谋，不如当时”，大意是说，聪明的人善于谋事，但不如懂得审时度势，把握好机遇。根据《中华人民共和国突发事件应对法》，突发事件是指突然发生，造成或者可能造成严重社会危害，需要采取应急处置措施予以应对的自然灾害、事故灾难、公共卫生事件和社会安全事件。突发事件的分级标准由国务院或者国务院确定的部门制定。按照社会危害程度、影响范围等因素，自然灾害、事故灾难、公共卫生事件分为特别重大、重大、较大和一般四级。党员干部应不断提高应急处突的能力。党员干部的应急处突能力表现在审时应变，遇到重大突发事件时不惊慌失措、无所适从，而是沉着冷静、应付自如。党员干部要提高应急处突能力，就必须增强风险意识，防患于未然。当风险来临时，需要有与风险抗争的顽强充沛的斗争精神，还要强化底线思维，坚守底线。“沧海横流，方显英雄本色。”在中国特色社会主义进入新时代的历史背景下，世界正经历百年未有之大变局，实现新时代中国共产党的历史使命，既面临千载难逢的历史机遇，也遭遇前所未有的风险挑战。因而，如何有效应对各类突发事件，如何对各类突发事件进行妥善处置，可以说是对新时代领导干部执政能力的一个严峻考验。

一、如何提高党员干部风险防范的意识

中国特色社会主义进入新时代，新时代意味新起点新担当，呼唤新气象新作为。领导干部，尤其是年轻干部要做到敢于担当，不仅要有敢担当的勇气和定力，更要有担得起的底气和能力。当前，世界正经历新一轮大发展大变革大调整，大国战略博弈全面加剧，国际体系和国际秩序深度调整，人类文明发展面临的新机遇新挑战层出不穷，不确定不稳定因素明显增多。此外，知识更新周期不断缩短，经济社会发展日新月异，科技革命飞速发展，分工越来越细，专业化程度越来越高，新知识、新事物、新情况层出不穷，新任务新风险新挑战新问题纷繁复杂。因此，实现中华民族的伟大复兴，绝不是轻轻松松、敲锣打鼓就能实现的。全党必须准备付出更为艰巨、更为艰苦的努力，更加自觉地防范各种风险，善于处理各种复杂矛盾，勇于战胜前进道路上的各种艰难险阻，牢牢把握工作主动权。

1. 强化居安思危的意识

居安思危的意识，既是中华民族治国安邦的重要经验，也是增强驾驭风险本领的心理基础。忧患意识是5000年中华文明的重要内容，最早源自人们对未知的畏惧和对天地的敬畏。随着中华民族历史的发展，忧患意识逐渐从自然领域发展到社会领域、政治领域，形成了“安而不忘危，存而不忘亡，治而不忘乱，是以身安而国家可保也”的政治哲

学；形成了“人无远虑，必有近忧”“凡事预则立，不预则废”的人生思考；形成了“安不忘危，治不忘乱，虽知今日无事，亦须思其终始。常得如此，始是可贵也”的盛世之忧；形成了“忧劳可以兴国，逸豫可以亡身”的从政经验；形成了“前事不忘，后事之师”“以史为镜，可知兴替”的历史警示；形成了“先天下之忧而忧，后天下之乐而乐”的宽广胸怀；形成了“位卑未敢忘忧国”的民族之忧。这些治国安邦的人生智慧和政治智慧，给我们党治国理政深刻的思想启迪。

新时代，我们党在前进路上面临着许多风险与挑战，必须增强风险意识和忧患意识。党的十八大以来，习近平总书记高度重视党治国理政中出现的风险和挑战，多次强调全党要增强风险意识和忧患意识。2013年1月5日，习近平总书记在新进中央委员会的委员、候补委员学习贯彻党的十八大精神研讨班上的讲话中指出：“我们的事业越前进、越发展，新情况新问题就会越多，面临的风险和挑战就会越多，面对的不可预料的事情就会越多。我们必须增强忧患意识，做到居安思危。”在十九届中央政治局第一次民主生活会上，习近平总书记指出：“我们党是生于忧患、成长于忧患、壮大于忧患的政党。正是一代代中国共产党人心存忧患、肩扛重担，才团结带领中国人民不断从胜利走向新的胜利。”2018年1月5日，在新进中央委员会的委员、候补委员和省部级主要领导干部学习贯彻习近平新时代中国特色社会主义思想和党的十九大精神研讨班开班式上，习近平总书记再次强调，“增强忧患意识、防范风险挑战要一以贯之”。2019年1月21日，在省部级主要领导干部坚持底线思维着力防范化解重大风险专题研讨班开班式上的重要讲话中，习近平总书记强调：“要强化风险意识，常观大势、常思大局，科学预见形势发展走势和隐藏其中的风险挑战，做到未雨绸缪。”2019年11月5日，习近平总书记在《关于〈中共中央关于坚持和完善中国特色社会主义制度 推进国家治理体系和治理能力现代化若干重大问题的决定〉的说明》中进一步指出："当今世界正经历百年未有之大变局，国际形势复杂多变，改革发展稳定、内政外交国防、治党治国治军各方面任务之繁重前所未有，我们面临的风险挑战之严峻前所未有。"2022 年 10 月 23 日，习近平总书记在党的二十届一中全会上强调，要保持强烈的忧患意识、风险意识，加强对各种风险隐患的研判，做足预案，下好先手棋，打好主动仗，及时精准拆弹，增强防范化解风险的意识和本领。

中国共产党作为在中国长期执政的马克思主义政党，团结带领人民历经千难万险、付出巨大牺牲，攻克了一个又一个看似不可攻克的难关，创造了一个又一个彪炳史册的人间奇迹。今天，我们比历史上任何时期都更接近、更有信心和能力实现中华民族伟大复兴的目标。但实现中华民族伟大复兴的征途不可能一帆风顺。面对波谲云诡的国际形势、复杂敏感的周边环境、艰巨繁重的改革发展稳定任务，我们要传承、弘扬中华优秀传统文化，汲取中华民族治国理政的政治智慧和政治经验，不断增强忧患意识，既要有防范风险的先手，也要有应对和化解风险挑战的高招；既要打好防范和抵御风险的有准备之战，也要打好化险为夷、转危为机的战略主动战。面对国际国内风险动荡源和风险点增多的严峻挑战，习近平总书记以果敢的政治魄力，强烈的居安思危的风险意识，立足时代、顺应大势、着眼大局，未雨绸缪、及时预警、科学预测，为我们党和全国人民直面风险挑战，理性判断风险，积极而为，砥砺前行，打赢防范化解重大风险攻坚战提供了重要的思想认识基础。

2. 有充沛顽强的斗争精神

1919 年，青年毛泽东在《湘江评论》中写道："天下者我们的天下。国家者我们的国家。社会者我们的社会。我们不说，谁说？我们不干，谁干？”这段话是毛泽东对心忧天下、爱国为民思想的践行，更是中国共产党人的“初心”。它折射出中国共产党人通过“干”来实现救国救民的理想，而且这个“干”字就蕴含着斗争意识，体现着斗争状态，彰显着斗争精神。正如习近平总书记所说的：“中华民族在几千年历史中创造和延续的中华优秀传统文化，是中华民族的根和魂。”今天，我们进入了中国特色社会主义新时代，正处于大有可为的历史机遇期，但前进道路上也面临着许多前所未有的挑战和风险。无疑，做好积极主动的风险准备，具有充沛顽强的斗争精神，是对新时代党员干部的内在要求。应对各种严峻风险挑战需要有充沛顽强的斗争精神。习近平总书记指出：“人无精神则不立，国无精神则不强。精神是一个民族赖以长久生存的灵魂，唯有精神上达到一定的高度，这个民族才能在历史的洪流中屹立不倒、奋勇向前。”实现伟大梦想，必须进行伟大斗争。习近平总书记指出，全党要“发扬斗争精神，提高斗争本领，不断夺取伟大斗争新胜利”。党的二十大报告强调，坚持发扬斗争精神。斗争精神是中国共产党的优良传统和重要法宝，是在严峻复杂斗争中淬炼形成的政治品格和精神财富。当前，我们正向着全面建成社会现代化强国的第二个百年奋斗目标迈进，改革发展稳定任务都面临严峻风险挑战；改革进入深水区，面对的都是“难啃的硬骨头”，各种复杂矛盾问题交织叠加；全面从严治党向纵深发展，党内存在的思想不纯、组织不纯、作风不纯等突出问题尚未得到解决。面对如此多的严峻风险挑战，就需要我们有强大的精神力量作支撑。斗争精神就是这样一种力量，是我们应对各种严峻风险挑战的精神支柱，是克服现实中各种艰难险阻的精神动力。

3. 强化底线思维和底线意识

所谓底线就是我们最不能接受的风险，也是风险源集中汇聚且容易滋生蔓延的地方。底线，又被称作红线、下线、最后的界线等。在实践中，底线就表现为最不可逾越的警戒线或是最起码应该达到的最低期望，一旦突破底线，其后果将是实践主体难以承受或不愿看到的。底线思维，既是一种科学的思维方式，更是一种战略艺术，是能够帮助我们更好地研判客观形势、积极主动作为的实践利器。一只木桶，由最短的一块木板而不是最长的那块木板决定其容量。在20世纪末，苏联在改革中走向解体，主要原因是他们在改革中“底线”——党的领导失守，而中国社会主义改革开放之所以成功，一个重要原因是我们党守住了三条“底线”：发展生产力的底线，社会主义意识形态的底线，党的宗旨底线。党的十八大以来，习近平总书记始终告诫全党要树立底线思维，多次用“木桶原理”警示全党既要善于补齐短板，更要注重加固底板。习近平总书记的这些告诫和警示，其根本含义就在于，各种风险我们都要防控，但重点要防控那些可能迟滞或中断中华民族伟大复兴进程的全局性风险。当前，我国经济社会发展中的各种深层次矛盾日益凸显，诸多民生难题牵一发而动全身，资源、环境、生态压力迫在眉睫。直面挑战，需要逢山开路、遇河架桥的勇气，也需要管控风险、防守底线。从制定宏观政策、措施到出台解决具体问题的工作方案，都需要准确地找出短板，据此划定底线。底线思维和底线意识是治国理政的重要方法论武器。提升并善用底线思维能力，不仅关涉党员干部个人的素养品行，还能够在实际工作中帮助我们科学研判形势、合理制定规划、增强战略定力，帮助我们提升筑牢红线、谋势善成的水平，帮助我们协调推进全面深化改革，稳中求进，取得更好更快的发展。因此，党员干部在展开工作的时候，要充分发挥主观能动性，牢牢把握主动权，将底线思维运用到实践之中，对各个方面的底线有清晰而明确的认识；在底线思维中把握事物联系，并以此作为思考问题、分析问题、解决问题的根本依据，在工作上多研判、多筹谋，“凡事从坏处准备，同时努力争取最好的结果”。坚持底线思维、增强忧患意识，是我们党战胜各种风险挑战、不断从胜利走向胜利的重要思想方法、工作方法、领导方法。在革命战争年代，毛泽东既坚信中国的发展前途光明，又指出道路曲折、困难很多，要宁肯把困难想得更多一些，承认困难，分析困难，排除万难，达到胜利的目的。1945 年，毛泽东在党的七大上讲到“准备吃亏”、准备对付困难时一口气列出了 17 条困难。党的十八大以来，习近平总书记多次强调要坚持底线思维，凡事从坏处准备，努力争取最好的结果，这样才能有备无患、遇事不慌，牢牢把握主动权。在新民主主义革命、社会主义革命和建设时期，毛泽东灵活运用以最坏处打算、争取最好的结果为导向的一系列正确的战略策略，创造了马克思主义基本原理与中国实际相结合的典范，不断推动我们党由小到大、由弱到强，并最终赢得了新民主主义革命的胜利，成立了中华人民共和国，确立了社会主义制度，并为探索建设中国特色社会主义的道路提供了条件、积累了经验。改革开放以后，面对复杂的国际局势和中国的具体国情，邓小平在关于社会主义本质、社会主义初级阶段、改革开放、群众路线、外交政策等方面的论述中进一步明确了底线思维，提出：“我们要把工作的基点放在出现较大的风险上，准备好对策。”党的十八大以来，以习近平同志为核心的党中央始终坚持底线思维，积极作为、未雨绸缪，见微知著、防微杜渐，下好先手棋、打好主动仗，成功应对重大挑战、抵御重大风险、克服重大阻力、解决重大矛盾，推动党和国家事业取得历史性成就、发生历史性变革。

对于一支有着9600多万名党员的队伍来说，必须从始至终注重底线意识的培养和塑造，才能锻造出真正具有凝聚力、战斗力和向心力的领导核心。作为一名党员，法律底线、纪律底线、政策底线和道德底线就是其做人做事的基本底线。筑牢这“四条底线”，党员干部就能守住党和人民交给的政治责任，守住自己的政治生命线，守住正确的人生价值观。可以说，筑牢“四条底线”、强化底线意识，就是衡量一名党员合格与否的根本。坚持底线思维、增强底线意识，我们就更有“乱云飞渡仍从容”的战略定力。紧密团结在以习近平同志为核心的党中央周围，增强“四个意识”、坚定“四个自信”、做到“两个维护”，坚持守土有责、守土尽责，我们就一定能战胜前进道路上的风险挑战，朝着既定目标奋勇前进。

二、如何提高党员干部应急处突的能力

新时代，我们党面临的执政环境越来越复杂，变化越来越大，同计划经济时代相比、同相对封闭状态下相比，差别越来越大、新情况越来越多、局面越来越复杂。党的十八大以来，我们面对着百年未有之大变局，面对着改革发展稳定的繁重任务，面对着应急突发危机管理问题的突发性、复杂性和多样性，这都要求我们的党员干部尤其是年轻干部，在实践中不断提高驾驭风险和应急处突的能力。

1. 掌握驾驭风险与应急处突的一般原则

第一，预防为主、设定预案、常备不懈。突发事件通常具有不可预测性，但并非所有事件都是不可预防的。各级领导干部尤其是各级面对一线防控任务的领导干部，必须坚持防重于治的方针，对本地区各类

可能发生的突发事件要进行监测与预警，有针对性地制定应急处理预案，并针对事件苗头采取相应的预防措施，防范突发事件的发生。要从改革发展稳定的大局来看待金融问题，把金融工作放在更加突出的位置上。为防止金融危机和有效应对金融突发事件，2005 年，国务院制定并印发了《国家金融突发事件应急预案》，随后原中国银行业监督管理委员会也发布了《银行业突发事件应急预案》。2006 年 2 月 26 日，《国家突发公共卫生事件应急预案》发布实施。2007 年 8 月 30 日，十届全国人大常委会第二十九次会议通过《中华人民共和国突发事件应对法》，2007 年 11 月 1 日起施行。此外，预防工作必须持续、连贯、长期地努力进行，不能“临渴掘井”“急来抱佛脚”，而必须天天讲，时时抓，持之以恒，将预防工作落到实处。预防工作落到实处的目的，在于能够在第一时间控制风险规模和影响范围，迅速启用所有公共资源开展危机治理，因势利导、多措并举，根据实际情况灵活调整风险应对方案，在错综复杂的关系中抓住重点，解决关键问题，化解主要矛盾，果断遏制危机的发展和升级，牢牢把握防范、控制、化解风险的主动权。

第二，以维护人民群众生命财产安全和社会稳定为第一目标。回顾我们党 100 多年的历史，我们党之所以能在人民群众中逐步建立起自己的崇高威信，正是因为共产党人时时刻刻、事事处处为当地当时的人民群众排忧解难，想群众之所想，急群众之所急。不管是在革命斗争时期，社会主义建设时期，还是在改革开放时期，我们党始终把实现好、维护好、发展好人民的根本利益放在第一位。在危险来临和应急处突的过程中，这一点尤为重要。2015 年 5 月 29 日，中央政治局就健全公共安全体系进行第二十三次集体学习时，习近平总书记就强调，公共安全是社会安定、社会秩序良好的重要体现，是人民安居乐业的重要保障。

同时他指出，要坚持群众观点和群众路线，拓展人民群众参与公共安全治理的有效途径。党的二十大报告强调，提高公共安全治理水平。坚持安全第一、预防为主，建立大安全大应急框架，完善公共安全体系，推动公共安全治理模式向事前预防转型。人的生命只有一次，人的生命是最宝贵的，而安全也是最基本的公共产品。以人民为中心的发展思想的提出，彰显了新时代人民至上的价值取向。坚持以人民为中心的发展思想，其根本要求也是保障人民群众的生命财产安全。

第三，统一领导、统一指挥、分级负责。在应急处突过程中，统一领导指挥是指在突发危机事件应急处理的各项工作中，由应急处理指挥部的总指挥统一领导、统一指挥，各有关部门都要在突发事件应急处理指挥部的领导下，按照应急预案规定的工作方案以及应急处理指挥部根据突发事件的具体情况作出的部署，开展各项与本部门有关的应急工作。2005 年 1 月 26 日，国务院发布实施的《国家突发公共事件总体应急预案》中工作原则的第三条明确规定:“统一领导，分级负责。在党中央、国务院的统一领导下，建立健全分类管理、分级负责，条块结合、属地管理为主的应急管理体制，在各级党委领导下，实行行政领导责任制，充分发挥专业应急指挥机构的作用。”可见，在我国应对重大突发事件中，中央政府和地方政府的关系在法律上是领导和被领导、指导和被指导的关系。具体来讲，分级负责主要体现在两个方面：一是根据突发危机事件的性质和发生范围来实施分级负责。要坚持分级负责、统一领导、综合协调、分类管理、属地管理为主的应急管理体制，坚持“谁主管谁负责”，突发事件发生在哪里，属于哪一级党组织、哪一级政府、哪一个单位或部门，就由那一级党组织、政府、单位或部门的领导干部负责处理。全国性的和跨省的突发事件应急处理工作由中央负责，国务院设立全国突发事件应急处理指挥部，负责统一领导和指挥，应急管理部予以协助。二是在具体实践中，突发事件有按照社会危害程度、影响范围等因素来划分级别的做法，并根据事件的级别，实施相应的分级负责。具体的级别划分和处理，要在应急预案中作出规定。

第四，临危不乱、措施果断、沉着应对。面对突如其来的突发事件，不管问题多么复杂、情况多么紧急，领导干部一定要镇定自若，要遇事而不慌、处变而不惊、临危而不乱。要特别注意“以冷对热”“以静制动”“以柔克刚”，冷静而沉着地面对各种突然而至的问题，慎重而机智地应对所面临的复杂多变的局面。面对突发事件，多数情况下，我们不可能有充分的时间思考、讨论、研究、论证。近年来，社会发展的复杂性越来越突出，一个个突发事件不断出现。这些突发事件有的来自自然界，是天灾，有的甚至更多地来自人为，是人祸。因为是突发事件，所以往往超出人们包括一些领导干部的预期，因此应对起来有时不免会感到有些力不从心，甚至因为对突发事件处置不利，导致其从小事发展为大事，甚至有的突发事件会持续几天的时间，有成千上万的人参与。因而，对于领导干部而言，如果当断不断，很有可能反受其乱。也就是说，该决断的时候优柔寡断、反应迟钝、行动缓慢，便会贻误战机，陷入被动境地，使突发事件不能得到及时控制，最终导致“小事闹大、规模扩大、难度增大”的后果。所以，处理突发事件时，一定要争取时间，必须讲效率和速度。这就要求领导干部面对突发事件，必须在理智冷静的基础上当机立断，做到快刀斩乱麻，迅速判断，果断地拿出解决办法，立即采取一系列应急处置手段。

第五，机动灵活、随机应变、以最小代价化解危机。领导干部在处理突发危机事件时，要遵循机动灵活、随机而作的原则，针对不同情况，要因地制宜、随机应变，采取不同的措施，甚至采取超乎常规的程序和办法，不可千篇一律、墨守成规。同时，要注意原则性与灵活性相结合，在有些问题上适当地妥协让步是必需的。必要的局部牺牲，在表面看来是退却和让步，实质上是为了最大限度地减少全局损失，使突发事件处理顺利进行，并得到彻底解决。

第六，应对措施要遵循科学原理和技术规律。在应急处置过程中，领导干部要充分利用和借鉴各种高科技成果，发挥专家的决策智力支撑作用，避免不顾科学的蛮干。同时，领导干部要充分利用专业人员的专业设备和工具、专业知识、专业能力，实现突发事件的专业处置。突发事件的救援可以是综合性的，但处置必须尊重科学，体现专业处置的原则。否则，突发事件的危害就有可能进一步扩大，甚至伤及应急救援者。比如，1986 年 4 月切尔诺贝利核电站事故发生后，苏联政府首先派出消防队灭火，一周后派出国防部与内务部所属军队 36 万人进行灾害处置，参加灭火及消除核污染的行动。特别是防化部队具有专业的防化、防辐射技能且配备了齐全的防护装具，在事故的处理中起到了重要的作用。

第七，危急之时同样要依法治理、尊重公民权利。突发事件会产生多种威胁，造成多种损失。因此，应急处置可能面临多重价值目标的选择。我们要坚持“先救人，后救物”的原则，把挽救生命与保障受害人员的基本生存条件放在首要位置，而不是舍本逐末。同时突发事件现场安全形势很不稳定，必须高度关注应急救援人员的人身安全，有效地保护应急响应者，避免次生、衍生事件的发生。这也是突发事件处置“以人为本”的当然表现。

2. 熟悉驾驭风险与应急处突的基本步骤

第一，迅速控制事态的扩大和蔓延。突发事件发生后，立即采取紧急措施，控制住事态，使其不扩大、不升级、不蔓延、不恶化，是处理整个事件的关键。这既是关系整个应急工作成败的基础和前提，又是寻找更好的、彻底的处理方法的重要条件。一是立即启动突发事件管理机构，让专职应急管理人员随即投入工作。二是控制危险源，迅速隔离危机险境。首先，人工隔离，即在人力上进行明确分工，一部分人员专职从事突发事件的控制工作，另一部分人继续组织的正常运转工作，以在整体上保证组织运行的连续性；其次，事件隔离，即对危机本身的隔离，应重点做好公众的隔离和财产的隔离，要迅速转移受害人员或受灾民众脱离危险，对于伤员更要进行无条件的隔离救治。三是控制事态蔓延扩大。要即刻在尽可能靠近事发现场的地方设立现场指挥部，按照危机处理预案，指挥现场救援等工作。要立即组织专业应急人员抢救受害人员和财产，火速封锁危险区域，并劝散围观人员，以免影响救援和处置工作的正常进行。四是由现场指挥部及时、准确、全面地向媒体和公众发布突发事件的信息，如政府正在采取的措施、公众注意事项等。

第二，准确判断事件的症结并迅速确定应对方针和措施。控制事态使其不再扩大、蔓延，不是危机的真正解决，只是危机处理的开端。重要的是利用控制事态后的有利时机，千方百计地掌握危机的各种情况，并且透过现象看本质，据此制定出解决问题的措施。因此，必须迅速安排力量，通过广泛调查，收集事件的真实信息，弄清事件的来龙去脉，认准整个事件的主要矛盾，找到整个事件的症结，确认突发事件的性质。现场指挥部根据调查分析，形成统一认识和结论，然后迅速制订处理事件的对策措施。对策必须注意科学性、可行性和针对性，不但要周密细致，还要有应急预案，以保证万无一失。2008 年发生的“5・12”汶川特大地震和四川阿坝“3・16”事件，分别是国内近年来罕见的重大自然灾害和重大社会安全事件，也是具有典型性和代表性的突发事件。处置这两场突发事件所反映出来的政府、有关组织和社会公众的应对能力、应对措施、经验教训等，为今后应对类似突发事件提供不可多得的示范、警示和借鉴的样本。对这两起重大突发事件应对过程中存在的问题进行全面梳理和归纳，并通过实证分析和理论建构，可探寻公共危机的规律和应对路径，为政府和全社会提供切实可行的对策建议。

第三，集中力量迅速果断地解决问题。实施决策方案，采取果断措施处理突发事件，是战役的决战阶段。由于突发事件前途扑朔迷离，犹如处于瞬息万变战场的军队，需要强制性的统一指挥和力量凝聚。首先，领导班子必须统一指挥，协同作战，共同组织应对突发事件。对参与处置的各领导成员及有关部门要分工明确，责任具体，严格要求。主要领导首先协调好班子的思想认识，保持高度统一，对事件处理统一指挥，统一调度，分头落实，使领导班子成为坚强有力的战斗指挥部。其次，一定要头脑清醒，坚决有力，统驭全局。要稳住阵脚，指挥若定，调动一切积极因素，形成一种必胜的气势，以取得决战的胜利。要用铁的纪律、铁的手腕去落实各项指令。突发事件影响范围内无论哪一级领导、哪一个部门，都必须无条件地服从大局。同时，要审时度势，及时根据事态变化的客观情况，改变相应的措施或更换新的作战方案，以保证整个战局大获全胜。再次，必须从各种因素中找出冲突焦点，抓住主要矛盾和矛盾主要方面，集中优势兵力攻克难关。例如，对于社会安全事件，必须全力控制闹事的头面人物或首要人物。最后，应注意采用缓和矛盾的方法，抓住机遇，创造性地解决问题，化害为利，扭转危机。

三、如何让党员干部牢牢把握工作主动权

习近平总书记强调，要增强驾驭风险的本领，健全各方面风险防控机制，善于处理各种复杂矛盾，牢牢把握工作主动权。当前我国正面临复杂形势和艰巨任务，如何成功地应对和处置突发事件已经成为领导干部不可回避的重大课题。驾驭风险和应急处突的能力，也就理所当然地成为衡量领导干部领导能力高低的重要标准。

1. 提高防微杜渐能力

事物的发展是有过程和原因的，领导干部要从已知查未知。突发事件并不是无端飞来的，出现之初总会有这样那样的迹象。例如，自2020年7月以来，南京禄口国际机场将国际航空和国内航空的相关业务混在一起，致使保洁人员等工作人员交叉感染新冠病毒，并通过家属、旅客等群体扩散开来，成为南京2021年7月疫情的发源地，并影响了全国多个省份和地区。对于机场这样一个新冠病毒感染疫情防控的要害部门，按理说不应犯这样的低级错误。因此，领导干部应对突发事件要做到：首先，及时抓住突发事件端倪，把问题解决于萌芽之中，以避免事态扩大造成的损失。这就要求，一方面，必须全面系统地观察分析现实存在的各种矛盾隐患；另一方面，必须客观地分析研究各种隐患的发展变化进程和趋势。其次，要能够见微知著，从正常中发现异常。领导干部可以通过收集、分析数据等方式找到各类风险的运行轨迹和运行规律，预判风险存在的基本形态。突发事件来临之际便是危机出现之时，所以领导干部还要具备防微杜渐的危机意识，准确判断危机的表现形式，透过偶然性发现深刻的必然性，从正常看见异常，机敏地处置突发事件。提高防微杜渐的能力是有效驾驭风险的保障，领导干部在稳定

时期也应保持居安思危的观念，对于任何决策都要以长远、战略的眼光来看待。因此，领导干部在观察事物时，要正确地把握现象与本质的关联，准确地把握事物的本质特征和发展趋势，及时识别现象的实质。

2. 提高快速反应能力

一方面，危机是潜在的、不确定的，当它转化为现实的、确定的突发事件之时，时间就变成了非常宝贵的要素，这就要求领导干部在此时必须突出三个“快”字——快反应、快到位、快处置，迅速启动相应的应急措施，摸清情况，争取第一时间赶到现场指挥，面对面地做群众工作，抓住事物和问题的关键。另一方面，在处置突发事件时最忌因小而不顾，以为正常而不防。现实生活中，一些领导干部对突发事件一开始就采取消极、被动的态度，怕追究责任，推诿搪塞，从而贻误处置事件的最佳时机，造成被动局面。因此，在把握好时机、作出快速反应的同时，不能因小而不顾。能否首先控制住事态，使其不扩大、不升级、不蔓延，不让小风险演化为大风险，不让个别风险演化为综合风险，不让局部风险演化为区域性或系统性风险，这是领导干部处置突发事件的关键。(1)

3. 提高果断决策能力

邓小平强调，我们要把工作的基点放在出现较大的风险上，准备好对策。这样即使出现了大的风险，天也不会塌下来。(2) 面对突发事件，往往要求领导干部立刻作出正确决策并及时控制局面，否则会扩大突发事件的社会危害程度和影响范围，甚至可能失去对全局的掌控。唯有对

(1)　参见包俊林:《试论新形势下领导干部危机领导能力的提高》,《广西社会主义学院学报》2003 年第 4 期。

(2)　参见《邓小平文选》第三卷，人民出版社 1993 年版，第 267 页。

事件有全面的了解，才能以科学的决策方法予以应对。决策方案只有建立在科学的基础上，即遵循事物自身发展的基本规律，实施起来才能经得住实践的检验，达到最优的效果。决策的实施要坚持以人民为中心，要尽最大努力保障广大人民群众的利益，以争取他们对决策结果的支持与理解。同时要有不同的应急预案，要做到在第一时间防范风险，在第一时间控制风险的社会危害程度和影响范围，在第一时间总结经验教训。因此，建立健全应对突发事件的科学决策机制是关键，这样才能提高科学的决策能力，在科学知识不断充实的过程中提升决策水平。在这种情况下，专家的分析和支持是必不可少的。专家的知识可以扩大领导干部的知识容量，延伸领导干部的脑力，放大领导干部的能力，可以减少决策的失误。有的领导干部虽然征求建议，但只找赞成自己意见的，不愿意广泛听取不同的意见，结果在他周围就会聚集一些专看领导眼色、见风使舵的所谓“专家”。谀言满耳而诤言消声，作出的决策就很难符合科学、符合实际了。[1]

4. 提高坚决处置能力

应对突发事件，完全按常规来处理是行不通的。特别是在处置需要动用各方资源的重大突发事件或多种并发突发事件时，更需要领导干部具有高度的坚决性。否则，不仅必然严重影响处置的效率，而且会造成官僚主义、形式主义的问题。现实中出现那些迟报、漏报甚至瞒报紧急重大情况和事件的严重问题，一个重要原因就是在处理上的不坚决。所以，对突发事件的处置要坚决，决策一经作出就要坚决执行。

（1） 参见包俊林:《试论新形势下领导干部危机领导能力的提高》,《广西社会主义学院学报》2003 年第 4 期。

例如，2021 年 7 月 17 日至 23 日，河南省遭遇历史罕见特大暴雨，发生严重洪涝灾害，特别是 7 月 20 日郑州市遭受重大人员伤亡和财产损失。灾害共造成河南省 150 个县（市、区）1478.6 万人受灾，因灾死亡失踪 398 人，其中郑州市 380 人、占全省 95.5%；直接经济损失 1200.6 亿元，其中郑州市 409 亿元、占全省 34.1%。8 月 2 日，根据有关法律法规规定，国务院决定成立调查组，由应急管理部牵头，相关方面参加，对河南郑州“7・20”特大暴雨灾害进行调查。2022 年 1 月 21 日，《河南郑州“7・20”特大暴雨灾害调查报告》公布，从调查情况看，郑州“7・20”特大暴雨强度和范围突破当地历史记录，远超出城乡防洪排涝能力。虽然郑州市委市政府做了大量工作，但灾害仍然造成了重大人员伤亡和财产损失。调查组查明，郑州市委、市政府贯彻落实中共中央、国务院关于防汛救灾决策部署和河南省委、省政府部署要求不力，没有履行好党委政府防汛救灾主体责任，对极端气象灾害风险认识严重不足，没有压紧压实各级领导干部责任，灾难面前没有充分发挥统一领导作用，存在形式主义、官僚主义等问题；党政主要负责人见事迟、行动慢，未有效组织开展灾前综合研判和社会动员，关键时刻统一指挥缺失，失去有力有序有效应对灾害的主动权；灾情信息报送存在迟报瞒报问题，对下级党委政府和有关部门迟报瞒报问题失察失责。调查组总结了六个方面的主要教训，这些问题短板在全国很多地方也不同程度存在，要高度重视、举一反三、自警自省。只有大力提高领导干部风险意识和应急处突能力，建立健全党政同责的地方防汛工作责任制，推进我国应急管理体系和能力现代化，整体提升城市防灾减灾水平，切实增强全社会风险意识和自救互救能力，才能把保障人民群众生命财产安全的要求落到实处。[1]

5. 提高勇担风险能力

突发事件本身是信息复杂的，发展的可预测性也相对较差。因此，处置突发事件具有很大的风险性，处置结果也难以预测。这种处置结果的风险性，要求领导干部必须具有勇于承担风险的能力。俗话说，软肩膀挑不起硬担子。日常工作中，有的领导干部之所以出现处理疑难杂症无从下手、面对突发情况没有先手、化解矛盾问题频频失手的现象，根本原因在于自身肩膀不够硬、能力不够强。作为领导干部，必须以能成事的真本领应对风险挑战。要增强学习本领，持续给能力升级、为“内存”扩容，力求既精通“独门秘籍”，又掌握“十八般武艺”。领导干部要在实践中培养自己的探险家胆识，不断提高从容应对风险考验的能力。因此，新时代党员干部在防范化解风险上不仅要敢于担当，勇于战胜前进道路上的各种艰难险阻，而且要善于担当、善于处理各种复杂矛盾和情况，有效应对和化解各种风险，把风险防范工作抓实抓好。

6. 提高相信和依靠群众能力

领导干部在处置突发事件时，不能光靠自己一个人的力量，必须充分地相信群众，坚定地依靠群众，把广大群众的智慧集中起来。一要信任群众，即将突发事件的进展情况以及相关的信息和决策，适时向广大群众公开，以稳定公众的信心，取得共识。通过民情调查、实地走访，建立区域内自然灾害调查档案，让自己成为“活地图”。特别是在处置群体性事件中，要通过群众第一时间提供第一手资料，让自己成为“移

（1） 参见《人民日报评郑州特大暴雨调查报告：教训极为深刻！》，人民日报客户端 2022 年 1 月 21 日。

动信息库”，做到心中有数。二要依靠群众，即从群众中汲取智慧和办法，并把自己的处置决策向群众讲清楚，力争得到群众的理解和支持。一方面，依靠群众做好情报信息工作。特别是突发自然灾害和公共卫生事件时，基层主要负责人要在第一时间赶到现场，迅速掌握现场群众提供的相关信息和情况，重点排查当事人亲戚朋友中有无国家公职人员、有无社会黑恶势力介入、有无人员聚集或冲击行为迹象；另一方面，依靠群众开展好稳控处置工作。要对大部分参与群众耐心细致地做好宣传解释工作；要依靠群众协助做好关键人物的思想工作和稳控工作；要通过群众的心声“有理有利有节”地应对媒体和网络舆论监督。这样，群众就能同领导干部一起，共渡难关，战胜危机。

7. 提高依法办事能力

现行的突发事件应对法自2007年公布施行以来，在预防和减少突发事件的发生，控制、减轻和消除突发事件引起的严重社会危害等方面发挥了重要作用。近年来，突发事件应对管理工作遇到了一些新情况新问题，特别是新冠病毒感染疫情对突发事件应对管理工作带来了新挑战，亟待通过修改该法予以解决。2021年12月20日举行的十三届全国人大常委会第三十二次会议对突发事件应对法进行了修订。提请会议审议的草案，对现行突发事件应对法的名称、体例结构及条文顺序等进行了调整，进一步完善了管理体制、应急保障制度等方面内容。在现代法治国家，为了严格规范在紧急状态时期政府行使紧急权力，大多数国家在宪法中规定了紧急状态制度，给执政党和政府的行政紧急权力划定明确的宪法界限；制定统一的紧急状态法来详细规范在紧急状态时期政府与公民之间的关系，以保障政府在紧急状态下充分、有效地行使行政紧急权力，同时很好地限制政府的这一权力，保护公民权利不因紧急状态的发生而被随意剥夺。例如，许多国家的宪法和国际人权文件都规定，即使在紧急状态时期，一些最基本的人权，如生命权、语言权、宗教信仰权等也不得被限制，更不得被剥夺，这些规定都是为了防止政府随意滥用行政紧急权，而使公民丧失合法权利。所以，我们应当在总结国外紧急状态立法经验的基础上，结合我国实际，加快紧急状态立法，规定统一的紧急状态下的政府应急机构和应急机制。只有这样，才能贯彻法治原则，保障政府在紧急状态时期也能够依法执行权力，保障公民的权利不受侵犯。只有这样，才能为领导干部在紧急状态下坚持依法办事提供可能性，才能有助于领导干部在驾驭风险和应急处突中提高依法办事的能力。

·案例链接·

山东青岛：

黄岛输油管道爆炸事件

2013年11月22日上午10时30分，山东省青岛市黄岛区中石化东黄输油管道发生特大原油泄漏和爆炸事故，造成重大的人员伤亡和财产损失。此次事故及其处置，暴露出了我国地方政府和企业在城市规划、应急管理和应急救援工作中存在的一系列问题。从政府应急管理角度看，应急预案体系存在重数量轻质量、可操作性差、效力难以发挥的现象；从领导干部角度看，应对重大突发性事件的能力明显欠缺，对于自身在应急管理过程中承担的何种责任、履行的何种职能等一系列问题都没有正确的认知。这起突发事件开始只是一起原油漏油事故，但由于发现漏油事故后地方政府的应急行为处理不当，浪费了整整7个多小时，地方政府直至爆炸发生后才得知。如果地方政府的应急管理工作效率提高，在发生漏油事故后迅速启动应急预案，予以重视，漏油事故就不会演变成爆炸事件。

此次事件发生与处置中暴露出的问题有很多，主要有以下几个方面：一是城市规划不合理。违规规划是造成这次特大事故的主要原因之一。二是管道和维修不到位。由于该段输油管道周边已成为城市繁华区域，小区、工厂林立，交通道路和各种市政管线密布，给管道维修带来不便，导致运营公司疏于对输油管线的管理、维护和检修，最终造成管道锈蚀破损、原油泄漏，继而引发爆炸。三是事故处置不当。此次泄漏事故发生后，事故单位和政府应急部门都没有给予应有的重视，只是按照一般野外泄漏事故进行处置，没有考虑城市环境的特殊性和事故后果的严重性。四是缺乏完善的应急预案。应急响应不及时、联动渠道不畅通是这次事故暴露出的主要问题之一。五是地方政府重经济发展，忽视安全工作。领导干部缺乏处置重大突发事件的能力，应急意识欠缺，组织不健全，管理存在漏洞。

地方政府必须重视应急管理问题，居安思危，增强忧患意识和危机意识，改善应急管理中存在的问题，不断提升预防危机和应对危机的能力，采取一系列举措：一要加强统一指挥、责任明确的应急救援指挥体系建设。政府要进一步建立反应快速灵敏的应急救援指挥体系，整合现有的应急联动指挥平台，加强对应急救援的日常管理。二要建立完善的应急响应和联动机制。完善规范的应急响应和救援联动机制是确保应急救援各机构按照应急救援工作需要迅速、积极开展救援工作的先决条件。三要建立反应快速、处置专业的应急救援队伍。建立一支政府主导、配备精良、处置专业、保障有力的专业救援队伍，是提高社会公共安全水平、增强应急救援能力、保护人民群众的生命财产安全的前提。四要加强公共安全风险评估，提高领导干部的应急处突能力。针对现阶段我国经济发展的新形势和新特点，政府应加强公共安全风险评估，制定相应的应急救援预案和处置程序，还应提高我国政府和企业应对公共安全危机以及预防和处置重特大事故的能力。

（摘编自《中国应急救援》2014 年第 1 期）

案例分析

黄岛输油管爆炸事件暴露出一系列问题。政府应急的预案体系存在重数量轻质量、可操作性差、效力难以发挥的现象；领导干部应对重大突发事件的能力明显欠缺，对于自身在应急管理过程中承担的何种责任、履行的何种职能等一系列问题都没有正确的认知。此次事件已经造成了不可逆的后果，地方政府应高度重视应急管理问题，增强忧患意识和危机意识，改善应急管理中存在的问题，采取相应举措，制定相应的应急救援预案和处置程序。“居安思危，思则有备，有备无患。”遇到风险挑战时要做到心中有数、处变不惊，既充分利用既有的条件，又充分发挥主观能动性创造条件，以争取最好的结果、赢得最大的胜利。

第六章

做到作风过硬，始终把人民群众放在心中

·政策背景·

党的作风是党的形象，是观察党群干群关系、人心向背的晴雨表。党的作风正，人民的心气顺，党和人民就能同甘共苦。2018年1月5日，习近平总书记在新进中央委员会的委员、候补委员和省部级主要领导干部学习贯彻习近平新时代中国特色社会主义思想和党的十九大精神研讨班开班式上对新进中央委员会的委员、候补委员和省部级主要领导干部提出“必须做到作风过硬，把人民群众放在心中”。

做到作风过硬，就必须始终把人民群众放在心中。党的一切工作必须以最广大人民的根本利益为最高标准。为此，广大党员干部要做到：一要大兴调研之风。调查研究是谋事之基、成事之道。我们要用好用实调查研究这个群众工作的法宝，多到矛盾困难多的地方去，多到改革发展的一线去，掌握真实情况，直面具体问题，拿出切实管用的具体措施，有效解决群众的难处、工作的难点。二要践行“马上就办、真抓实干”的精神。面对发展形势逼人、竞争态势催人的新情况新任务新要求，我们要有坐不住、等不起、慢不得的紧迫感责任感，撸起袖子加油干，干出成效、干出水平。三要保持清正廉洁。我们要抵制特权思想和特权现象，严守三条底线。严守道德的底线，管住小节，培养高雅的兴趣爱好，时刻警惕那些投你所好的人，防止被拉下水。严守法律的底线，树立正确的权力观，坚持依法用权、权为民用。严守纪律的底线，认真学习党章、《中国共产党纪律处分条例》等党内法规，严格执行中央八项规定及其实施细则，共同营造风清气正的政治生态。

·实践探索·

党的作风是党的形象，是党的性质、宗旨、纲领、路线的重要体现，是党的创造力、战斗力和凝聚力的重要内容。党的作风关系到能否保持党的先进性，对任何一个政党而言，作风问题事关大局，关乎事业兴衰成败，是彰显本色的“窗口”。习近平总书记在十八届中央纪委六次全会上指出：“作风问题本质上是党性问题。”对我们共产党人来讲，能不能解决好作风问题，是一把衡量对马克思主义信仰、对社会主义和共产主义信念、对党和人民忠诚的十分重要的尺子。尤其是领导干部的作风，直接关系到党内风气和政治生态，关系党的形象，关系民心向背，关系党的生死存亡。我们党作为一个在中国长期执政的马克思主义政党，对作风问题任何时候都不能掉以轻心。在十八届中央纪委二次全会上，习近平总书记强调：“工作作风上的问题绝对不是小事，如果不坚决纠正不良风气，任其发展下去，就会像一座无形的墙把我们党和人民群众隔开，我们党就会失去根基、失去血脉、失去力量。”只有党的作风好了，人民群众才会拥护和支持中国共产党。2014 年 5 月 9 日，习近平总书记在指导兰考县委常委班子党的群众路线教育实践活动专题民主生活会时指出："作风建设是永恒课题，要标本兼治，经常抓、见常态，深入抓、见实效，持久抓、见长效，通过立破并举、扶正祛邪，不断巩固和扩大已经取得的成果，努力以优良的党风政风带动全社会风气根本好转。"新时代的领导干部，要做到作风过硬，把人民群众放在心中，广泛开展调查研究，在全心全意为人民服务中提升政治站位、提高工作能力，在真心实意向人民学习中拓展工作视野、丰富工作经验、提高理论联系实际的水平，在倾听人民呼声、虚心接受人民监督中自觉进行自我反省、自我批评、自我教育，在服务人民中不断完善自己，持之以恒克服形式主义、官僚主义，久久为功祛除享乐主义和奢靡之风。

一、中国共产党的根本政治立场是什么

人民立场是中国共产党人的根本政治立场。早在1944年，毛泽东在《为人民服务》的讲演中明确指出："我们的共产党和共产党所领导的八路军、新四军，是革命的队伍。我们这个队伍完全是为着解放人民的，是彻底地为人民的利益工作的。"除了工人阶级和最广大人民的利益，中国共产党及其领导的军队没有任何特殊利益。1956年9月16日，邓小平在《关于修改党的章程的报告》中说，"工人阶级的政党不是把人民群众当作自己的工具，而是自觉地认定自己是人民群众在特定的历史时期为完成特定的历史任务的一种工具。共产党——这是工人阶级和劳动人民中先进分子的集合体，它对于人民群众的伟大的领导作用，是不容怀疑的。但是，它之所以成为先进部队，它之所以能够领导人民群众，正因为，而且仅仅因为，它是人民群众的全心全意的服务者，它反映人民群众的利益和意志，并且努力帮助人民群众组织起来，为自己的利益和意志而斗争"。由此决定了，中国共产党除了工人阶级和最广大

劳动人民群众的利益之外，没有也不追求特殊的利益，因而党就必须把一切从人民的利益出发，全心全意为人民服务，作为自己的根本立场和唯一宗旨。

人民立场是中国共产党的根本政治立场，是马克思主义政党区别于其他政党的显著标志。马克思主义认为，政治的本质是各阶级之间的关系，阶级性是政治的最基本特征。而所谓立场，则是人们观察、分析和处理问题时所处的地位。政治立场，说到底就是一个人、一个党在观察、分析和处理问题时所站的阶级地位。从政党的角度来看，政党作为现代政治的主体，是建立在阶级基础上的，阶级性决定着政党的性质和立场。政党的一切活动首先是从自己的阶级利益和政治立场出发，围绕自己的政治纲领、按照自己的政治路线、为实现自己的政治目标而不懈努力。因此，鲜明的政治立场是一个政党区别于其他政党的本质特征之一。然而，政党是由一个个党员组成的，政党的政治立场除了以自己的纲领、路线来体现之外，还将由每一个党员的实际行动体现出来。在正常的情况下，党员的行为总是由指导这种行为的思想所支配的，思想和行为具有同一性。在这个意义上可以说，党员的政治立场，实质上就是党员政治思想和政治行为的统一。

第一，中国共产党的政治立场就是人民群众的立场。马克思主义政党的生命力来自人民群众。一切为了人民，一切依靠人民，为绝大多数人谋利益，致力于实现最广大人民的根本利益，是马克思主义政党最鲜明的政治立场。马克思、恩格斯在创建第一个无产阶级政党时就庄严宣布了自己的政治立场和历史使命，是为绝大多数人谋利益的，指出：“过去的一切运动都是少数人的或者为少数人谋利益的运动。无产阶级的运动是绝大多数人的、为绝大多数人谋利益的独立的运动。”(1) 作为无产阶级政党的共产党，“他们没有任何同整个无产阶级的利益不同的利益”(2)。这就深刻阐明了马克思主义政党的政治立场和阶级属性。2020年初，面对新冠病毒感染这场百年不遇的重大疫情，在以习近平同志为核心的党中央坚强领导下，新时代的中国共产党人挺身而出、舍生忘死、英勇奋战，凝聚起众志成城、共克时艰的强大力量。“我是党员我先上”“疫情不退我不退”“请组织把我派到最危险的地方”……誓言铿锵，丹心闪耀，960多万平方公里的土地上，基层党组织筑起坚实堡垒，2.5万多名优秀分子在火线上宣誓入党，鲜红的党旗高高飘扬在抗击疫情第一线。

第二，坚定政治立场是我们党的一个优良传统。始终代表中国最广大人民的根本利益，是中国共产党对马克思主义关于人民群众是推动历史前进的动力这一基本原理的运用和阐发，鲜明地反映了中国共产党的马克思主义政治立场。共产党人如果离开了最大多数人的利益，也就离开了自己的政治立场、政治纲领、政治路线、政治目标，也就不成其为共产党；离开了人民，党的一切理论和奋斗不但会落空，而且会变得毫无意义。100多年的奋斗历史表明，我们党之所以能够成为领导中国革命、建设和改革事业的核心力量，之所以能够承担起中国人民和中华民族赋予的历史重托，之所以能够在剧烈变动的国际国内环境中始终立于不败之地，是因为我们党始终坚持工人阶级先锋队、中国人民和中华民族先锋队性质，站在工人阶级和最广大人民群众的立场，致力于工人阶级和最广大人民群众的根本利益的实现；始终坚持马克思主义建党的基

(1)《马克思恩格斯选集》第一卷，人民出版社1995年版，第283页。
(2)《马克思恩格斯文集》第二卷，人民出版社2009年版，第44页。

本原则，致力于全体人民和整个民族的根本利益，把为绝大多数人谋利益作为自己的奋斗目标；始终坚持党除了最广大人民的利益，没有自己的特殊利益，把全心全意为人民服务作为自己的根本宗旨和价值追求；始终把合乎最广大人民群众的最大利益、为最广大人民群众所拥护，作为自己一切言论和行动的最高标准。可以说，具有坚定的政治立场，是我们党的一个优良传统，也是共产党人的优秀品格和鲜明特征。

第三，坚定正确的政治立场是党员干部的立身之根。毛泽东说过："没有正确的政治观点，就等于没有灵魂。"[1] 那么，没有正确的政治立场，就等于没有根基。党员干部坚定正确的政治立场，是党的基本纲领、基本理论、基本路线、基本经验的必然要求，是建设中国特色社会主义伟大事业的必然要求，是进一步密切新形势下党与人民群众关系的必然要求，是巩固党的执政地位、完成党的执政使命的必然要求。

只有坚定正确的政治立场，才能保持清醒头脑。清醒体现了一个人对事物作出正确判断的能力，特别是在形势异常复杂、严峻的情况下，正确的抉择不但是头脑清醒的表现，也体现了一个人的智慧。当前，从国际来看，国际敌对势力对我国的分化、西化图谋从未间断且有加强之势。从国内来看，各种干扰、噪声甚至谣言也不断出现，各种各样的诱惑经常性地摆在党员干部面前。这使党的建设面临许多新形势、新情况、新问题、新挑战；使党面临的执政考验、改革开放考验、市场经济考验、外部环境考验"四大考验"将是长期的、复杂的；使党面临的精神懈怠危险、能力不足危险、脱离群众危险、消极腐败危险"四种危险"将是严峻的、现实的。在这样纷繁复杂的情况下，我们的党员干部

（1）《毛泽东文集》第七卷，人民出版社 1999 年版，第 226 页。

能否始终与党中央保持高度一致，始终对党和国家的工作大局有清醒和准确的把握，始终对中国特色社会主义道路、理论、制度和文化充满信心，与是否有坚定正确的政治立场关系极大。

只有坚定正确的政治立场，才能把握好政治方向。立场坚定而又充满智慧的人，一定是在任何情况下都不会迷失方向的人。坚定的政治立场是人生道路永不迷航的指南针。立场坚定，才能方向明确；立场正确，才能方向正确。而方向正确是事业取得成功的关键。因为只要方向正确，我们做的工作越多，就越能推动国家发展、社会进步和民族振兴，哪怕是工作出现了失误或挫折，那也是朝正确的方向在前进，而且纠正起来也比较容易。但是，如果方向错了，工作做得越多，实际上就是在错误的道路上越走越远。当前，国内外各种敌对势力出于对中国共产党、中国特色社会主义的仇视，通过大肆炒作个别案件或操作个别事件，来对我国社会主义基本制度不断地进行诋毁和攻击，通过宣扬和鼓吹各种西方错误的政治观点来影响和蛊惑人心，通过传播和扩大负面影响来干扰人们的判断力。在这种情况下，党员干部只有时刻保持坚定正确的政治立场，才能“不畏浮云遮望眼”，才能旗帜鲜明地表明坚持什么、反对什么，拥护什么、抵制什么，以实际行动捍卫党，捍卫中国特色社会主义。

只有坚定政治立场，才能坚持把人民利益放在第一位。坚持立党为公、执政为民，始终视人民为父母、把事业当责任，保持党同人民的血肉联系，这是我们党政治立场的根本要求。党员干部只有在实现、发展和维护人民群众根本利益的前提下，坚持正确的政治立场的前提下，才能不断提高广大党员特别是党员领导干部的思想政治素质，增强政治意识、大局意识、核心意识、看齐意识以及责任意识，从而提高党的执政能力，更好地为人民群众服务。在现实生活中，有一些党员干部，在处理各种群体性事件、处理人民内部矛盾、处理个人利益时，不顾老百姓的利益、财产甚至生命安全，一心只为保自己的“乌纱帽”，取悦上级个别领导人，甚至一心为自己谋利益，贪污受贿、腐化堕落。这样的党员干部实际上是丧失了共产党员和干部应有的政治立场，必将受到党纪国法的严惩。

总之，相信谁、依靠谁、为了谁，是否始终站在最广大人民的立场上，是区分唯物史观和唯心史观的分水岭，也是判断马克思主义政党的试金石。广大党员干部在任何时候都不能偏离人民立场这个根本的政治立场。当前，面对错综复杂的国内外形势，繁重艰巨的改革发展任务，纷繁多元的社会利益关系，层出不穷的新情况新问题，能否做到头脑冷静、政治清醒，能否勇于和善于同各种事关大是大非的政治问题上的错误思想倾向和活动作斗争，是对共产党员的政治立场坚定不坚定的真正考验。总结我们党 100 多年的奋斗历程可以清醒地看到：党与人民风雨同舟、生死与共，始终保持血肉联系，是党战胜一切困难和风险的根本保证，正所谓：“得众则得国，失众则失国。”因此，我们党要巩固执政地位、完成执政使命，就必须毫不动摇地坚持人民立场这个根本的政治立场。

二、新时代如何加强共产党人的作风建设

2021 年 3 月 1 日，习近平总书记在 2021 年春季学期中共中央党校（国家行政学院）中青年干部培训班开班式上的讲话中指出：“我们党团结带领人民取得了革命、建设、改革的伟大成就，很重要的一条就是我们党在长期实践中培育并坚持了一整套光荣传统和优良作风。这些光荣

传统和优良作风是我们党性质和宗旨的集中体现，是我们党区别于其他政党的显著标志。”2022 年 10 月 27 日，习近平总书记带领中共中央政治局常委瞻仰延安革命纪念地时强调，全党同志要把老一辈革命家和共产党人留下的光荣传统和优良作风传承好发扬好，勇于推进党的自我革命，坚定不移推进全面从严治党，始终保持党的先进性和纯洁性，确保党始终成为中国特色社会主义事业的坚强领导核心。年轻干部必须立志做党的光荣传统和优良作风的忠实传人，在新时代新征程中奋勇争先、建功立业，努力创造无愧于党、无愧于人民、无愧于时代的业绩。

1. 光荣传统和优良作风是我们党百年来积淀的光辉精神财富、不朽制胜法宝

第一，光荣传统和优良作风如同明镜，映照着理想信念和宗旨意识。一个政党理想信念坚定，就拥有无比强大的力量；理想信念淡薄，就会成为一群乌合之众，甚至顷刻间瓦解。中国共产党自诞生之日起就把马克思主义写在自己的旗帜上，把实现共产主义确立为最高理想。100 多年来，无数中国共产党人不惜流血牺牲，根本上靠的就是这种信念信仰。理想因其远大而为理想，信念因其执着而为信念。有了坚定的理想信念，站位就高了，眼界就宽了，心胸就开阔了，就能坚持正确的政治方向，在胜利和顺境时不骄傲不急躁，在困难和逆境时不消沉不动摇，做到“风雨不动安如山”，永葆共产党人政治本色。作风与信念之于中国共产党人的关系，就是外表与内里的关系，内里的灵魂高尚了，外表的作风才能清正。当作风不实不正不廉，一定是理想信念上出了问题。20 世纪 30 年代初期，以刘志丹、谢子长、习仲勋为代表的中国共产党人，在陕西中部、北部与甘肃东部交界地区创建了以南梁为中心的陕甘边革命根据地，并将马克思主义理论与陕甘边区实际紧密结合，培育形成了“坚守信念、百折不挠”等为基本内容的南梁精神。为了建立革命武装，刘志丹、谢子长、习仲勋等西北共产党人曾先后组织领导了清涧、渭华、两当等大大小小 70 多次武装起义和兵运工作，虽然屡屡失败，但他们的革命意志从来都不曾动摇，以百折不挠的奋斗精神创建了南梁游击队，巩固了陕甘红军，创建了陕甘边革命根据地。历史实践证明，老一辈无产阶级革命家对革命理想的执着追求和坚贞不屈的英雄气概以及百折不挠的革命意志，是中国共产党人战胜一切艰难险阻、从胜利走向胜利的强大力量源泉。因此，我们注重思想建党、理论强党，解决好世界观、人生观、价值观这个“总开关”问题，真正让理想信念成为干部心中的灯塔。

要牢记全心全意为人民服务的根本宗旨，以坚定的理想信念坚守初心和使命，牢记人民对美好生活的向往就是我们的奋斗目标，时刻不忘我们党来自人民、根植人民，永远不能脱离群众、轻视群众、漠视群众疾苦。党的十八大以来，以习近平同志为主要代表的中国共产党人，高瞻远瞩，开拓创新，号召全党坚定理想信念、树立理想信念，强调“革命理想高于天”，提出了一系列关于坚定理想信念的新思想新观点新论断，为新形势下教育引导广大党员干部坚定理想信念提供了基本遵循，对加强党的自身建设提出了明确的要求。党的十九届六中全会通过的《中共中央关于党的百年奋斗重大成就和历史经验的决议》指出：“理想信念是共产党人精神上的‘钙’，共产党人如果没有理想信念，精神上就会‘缺钙’，就会得‘软骨病’，必然导致政治上变质、经济上贪婪、道德上堕落、生活上腐化。”这对于新时代加强党员干部的理想信念教育具有很强的现实针对性和指导性。

2008 年 7 月，习近平曾在全国干部教育培训工作会议上强调，要坚持用党的优良传统和作风教育干部，引导干部讲党性、重品行、作表率，增强忧患意识，切实做到为民、务实、清廉。青年时代的习近平在贫乏的黄土地上，克服了物质贫穷，丰富了精神世界，在艰苦环境中树立起全心全意为人民服务的理想信念，学习和培养了乐于吃苦的精神，发扬了敢为人先、坚持到底为党和人民事业奋斗终生的精神。七年知青经历是习近平总书记治国理政的历史起点，也是习近平总书记为人民谋幸福的起点。20 世纪 80 年代，28 岁的习近平到河北省正定县担任县委副书记。当时，有些人不以为然，认为这无非是高干子弟下来镀镀金、做做样子，用不了半年，吃不下这份苦就会卷铺盖走人。然而，习近平在正定 3 年多的时间里都睡在办公室，他的床铺就是两条长凳支起的一块木板，铺上一条打满补丁的旧褥子。饮食上，习近平总是在机关食堂与大家一起“吃大锅饭”，他说，“吃大锅饭”一举三得：一得是可以边吃边聊，相互交流；二得是可以互相监督，减少不必要的浪费；三得是可以边吃边谈工作。他也不搞特殊，上级来出差时，都是用正定的传统饭菜招待，等等。他正是用这些谦逊朴实的工作作风打动了干部群众，为正定人民办好了实事。

2. 深刻把握新时代作风建设的新内涵新要求

2021 年是中国共产党成立 100 周年，“两个一百年”历史交汇，“两个大局”交织交融。在这一重大的历史节点上，习近平总书记站在历史和时代的高度，对党员干部特别是广大年轻干部的作风建设进行了 6 个方面的新概括：对党忠诚（“共产党人首要的政治品质”）；理论联系实际（“前提是学懂弄通理论、掌握思想真谛”）；把人民放在心中最高位置（“始终以百姓心为心”）；开展自我批评；敢于斗争（“我们党的鲜明品格”）；艰苦奋斗（“节俭朴素，力戒奢靡，是我们党的传家宝”）。

以问题为导向，以方法为引领，6 个方面的新概括增强了作风建设的系统性、针对性，并对新时期的作风建设提出了明确的新要求。

第一，对党忠诚，做自觉自律的赤诚者。“忠诚”是指党员对党的根本宗旨、章程、事业以及终极的奋斗目标的热忱的服膺、忠心的信服，并将其当作一生奋斗的最高目标，以至于即使牺牲自己生命也在所不惜。对党忠诚、永不叛党，是党章对党员的基本要求，是党员对党组织和党的事业的忠诚以及自愿承担的政治责任。新时代，习近平总书记站在历史和时代的高度，对对党忠诚的重大意义多次作了阐述，体现了党的自我革命精神。2014 年 5 月，习近平总书记在《办公厅工作要做到“五个坚持”》一文中指出，“对党绝对忠诚是中办的生命线，是做好中办工作的根本点”，提出了“对党绝对忠诚”的命题。这一论述明确了对党绝对忠诚的实践要求，要求全体党员干部牢记“积极工作，为共产主义奋斗终身，随时准备为党和人民牺牲一切”的庄严承诺，牢记“牺牲一切”就意味着绝不能“讨价还价”；没有“特殊利益”就意味着在需要你担当作为时没有“回旋余地”，忠实履行党章规定的义务和权利，在全心全意为人民服务的实践中，增进对党的感情，增强对党的信赖，坚定爱党的信念。正如习近平总书记指出的，只有对马克思主义信仰坚定了，对中国特色社会主义信念坚定了，对党忠诚才能有牢靠的基础，才能做到“千磨万击还坚劲，任尔东西南北风”。此外，习近平总书记还强调党员干部对党忠诚要着重体现在敢于实践、勇于担当上。当前，要实现全面建成社会主义现代化强国的奋斗目标，需要全体党员增强主动担当、积极作为、奋发有为的责任感和使命感，从来不回避问题，直面并解决工作中遇到的各种问题，以担当精神诠释和体现我们各级党组织、全体党员特别是领导干部对党和人民的忠诚。这样才能从根本上提升党的执政能力和领导水平，为着力加强党的长期执政能力建设提供根本保障。

第二，理论联系实际，做砥砺前行的实干者。新时代呼唤新理论，新理论引领新时代、指导新实践。新时代的党员干部，必须把学习贯彻习近平新时代中国特色社会主义思想摆在最突出位置，坚持以党的创新理论武装头脑。在具体实践中如何用党的这一创新理论武装领导干部头脑呢？对此，习近平总书记给出了明确答案："各级领导干部特别是高级干部必须立足中华民族伟大复兴战略全局和世界百年未有之大变局，不断提高政治判断力、政治领悟力、政治执行力，心怀'国之大者'，不断提高把握新发展阶段、贯彻新发展理念、构建新发展格局的政治能力、战略眼光、专业水平，敢于担当、善于作为，把党中央决策部署贯彻落实好。"[1]比如，在学习形式上，有的地区创造条件让广大党员干部普遍参与学习。充分发挥党校（行政学院）等主阵地作用，以学习习近平新时代中国特色社会主义思想和党的二十大精神为重点，举办双休日领导干部学习讲座，精心谋划、精心组织，聚焦主题、创新方式，通过专题学习、研讨交流、主题党课等形式，围绕党的路线方针政策、国家法律法规以及经济、政治、历史、文化、社会等知识，组织广大党员干部深入学习领会习近平新时代中国特色社会主义思想，进一步筑牢与以习近平同志为核心的党中央保持高度一致的思想根基。

第三，把人民放在心中最高位置，做锲而不舍的为民者。始终把人民放在心中最高的位置，与党的宗旨一脉相承。坚持以人民为中心，是习近平新时代中国特色社会主义思想的核心要义。2015 年 11 月 23 日，

（1） 习近平：《把握新发展阶段，贯彻新发展理念，构建新发展格局》，《求是》2021 年第 9 期。

习近平总书记在主持十八届中共中央政治局第二十八次集体学习时明确指出："坚持以人民为中心的发展思想，这是马克思主义政治经济学的根本立场。"2016 年 1 月 18 日，习近平总书记在省部级主要领导干部学习贯彻党的十八届五中全会精神专题研讨班开班式上强调："着力践行以人民为中心的发展思想。"2018 年 3 月 1 日，习近平总书记在周恩来诞辰 120 周年座谈会上发表重要讲话，盛赞周恩来是"不忘初心、坚守信仰的杰出楷模""对党忠诚、维护大局的杰出楷模""热爱人民、勤政为民的杰出楷模""自我革命、永远奋斗的杰出楷模""勇于担当、鞠躬尽瘁的杰出楷模""严于律己、清正廉洁的杰出楷模"，号召全党全国人民学习周恩来的崇高品德和精神风范。

党的二十大报告强调，坚持以人民为中心的发展思想。维护人民根本利益，增进民生福祉，不断实现发展为了人民、发展依靠人民、发展成果由人民共享，让现代化建设成果更多更公平惠及全体人民。诚然，一个政党、一个政权甚至一个国家的前途命运最终都取决于人心向背。忘记了人民，脱离了人民，我们就会成为无源之水、无本之木，就会一事无成。中国共产党不同于世界上其他一切政党。作为以马克思主义为指导的无产阶级政党，中国共产党始终以全心全意为人民服务为根本宗旨，把人民群众看作推动社会历史发展的主体和动力，始终以全心全意为人民服务作为自己一切工作的根本出发点和落脚点。

第四，开展自我批评，做优良传统的继承者。批评和自我批评是我们党的三大优良作风之一，是我们党不断发展壮大，历经磨难而愈益坚强的有力武器，是中国共产党区别于其他政党的显著标志。党章明确规定："党在自己的政治生活中正确地开展批评和自我批评，在原则问题上进行思想斗争，坚持真理，修正错误。"党员干部善于进行批评和自我批评，对于保证党组织和党员及时发现自身问题并切实纠正，对于加强党内监督、拒腐防变具有十分重大的意义。习近平总书记将包括“批评和自我批评”在内的党的作风视作中国共产党人流血牺牲凝聚而成的精神财富，通过各种形式进行党的优良传统和作风教育，使广大党员干部充分认识到批评和自我批评是我们党进行思想建设的锐利武器，不断提高广大党员干部开展批评和自我批评的自觉性。习近平总书记在十八届中央纪委六次全会上的讲话中指出：“难就难在为人情所困、为利益所惑，怕结怨树敌、怕引火烧身，说到底还是私心杂念作怪，缺乏党性和担当。”当前，有些地方和部门的党内生活出现了庸俗化倾向，有些党员干部出现了错误苗头，党组织没有及时提醒、告诫和批评，结果使社会发展面临的各种矛盾和问题不能得到及时和正确的处理，出现了一些严重错误。因此，领导干部开展批评和自我批评，既要坚持原则又要讲究方式方法，严肃认真又不纠缠细枝末节。在开展批评和自我批评的态度上，要本着对党、对人民、对组织、对同志高度负责的态度，从团结的愿望出发，做到诚恳虚心，有则改之，无则加勉。运用批评和自我批评的武器，正确处理和解决党内矛盾，克服缺点，纠正错误的作风。除此之外，批评和自我批评必须从团结出发，在党内开展积极健康的组织生活会，目的是帮助党员干部查找缺点，提高辨别是非、区分真假的能力，最终使批评和自我批评成为党内生活的常态，成为每个党员、干部的必修课。

第五，敢于斗争，做起而行之的奋斗者。历史经验告诉我们，一个政党，一个国家，一支队伍，如果失去了斗争意志，那是非常可怕的，离危亡也就不远了。新时代，广大领导干部面对新的使命，必须充分认识斗争的长期性、复杂性、艰巨性，必须弘扬革命战争年代那种敢于战斗、不怕困难的奋斗精神，敢于直面任何风险挑战，敢于斗争、善于斗争。2022 年 10 月 25 日，习近平总书记在二十届中央政治局第一次集体学习时指出，要发扬斗争精神，勇于面对各种风险挑战，勇于克服各种困难，坚定不移把党中央决策部署落到实处。因此，面对错误思潮，各级党组织和广大党员干部发扬斗争精神，以战斗姿态、战士担当，勇于站在意识形态阵地最前沿开展斗争，扶正祛邪、激浊扬清，面对大是大非敢于亮剑，面对矛盾敢于迎难而上，面对危机敢于挺身而出，面对失误敢于承担责任，面对歪风邪气敢于坚决斗争。

第六，永远艰苦奋斗，做新时代的追梦者。艰苦奋斗，是中国共产党人的政治本色，是我们党一以贯之的革命精神。幸福都是奋斗出来的，奋斗本身就是一种幸福。在我们党 100 多年的征程中，艰苦奋斗作为强大的精神力量，始终激励着我们顽强进取、百折不挠，在各种困难和考验面前巍然屹立、敢于胜利。可以说，一个没有艰苦奋斗精神作支撑的民族是难以自强自立的，一个没有艰苦奋斗精神作支撑的国家是难以发展进步的。习近平总书记在 2018 年春节团拜会上的讲话中指出："新时代是奋斗者的时代。我们要坚持把人民对美好生活的向往作为我们的奋斗目标，始终为人民不懈奋斗、同人民一起奋斗，切实把奋斗精神贯彻到进行伟大斗争、建设伟大工程、推进伟大事业、实现伟大梦想全过程，形成竞相奋斗、团结奋斗的生动局面。"没有艰苦奋斗，就没有我们党今天的局面。随着改革开放的深入和社会主义市场经济的发展，领导干部必须抵制腐朽思想文化和生活方式的侵袭，树立正确的世界观、人生观和价值观。大量事实表明，在新的历史条件下，能不能坚持发扬艰苦奋斗的优良作风，能不能经得起权力、金钱、美色的诱惑，对每个党员特别是党员干部是一个很现实的考验。因此，在全面建设社会主义现代化国家新征程上，广大领导干部更应该投身新时代洪流，保持干劲闯劲韧劲，不做“黄鹂鸟”，勇做“拓荒牛”，在各自岗位上开拓进取、创出佳绩，才能不负韶华、不负重托、不负使命，成为新时代的奋斗者，为实现全面建成社会主义现代化强国的奋斗目标、实现中华民族伟大复兴的中国梦贡献力量。

三、如何实现在服务人民中不断完善自己

“人民对美好生活的向往，就是我们的奋斗目标。”这是十八届中共中央政治局常委在同中外记者见面时对人民群众所作的庄严承诺。在庆祝中国共产党成立 95 周年大会上的讲话中，习近平总书记更进一步指出：“全党同志要把人民放在心中最高位置，坚持全心全意为人民服务的根本宗旨，实现好、维护好、发展好最广大人民根本利益，把人民拥护不拥护、赞成不赞成、高兴不高兴、答应不答应作为衡量一切工作得失的根本标准，使我们党始终拥有不竭的力量源泉。”党的二十大报告强调，全党要坚持全心全意为人民服务的根本宗旨，树牢群众观点，贯彻群众路线，尊重人民首创精神，坚持一切为了人民、一切依靠人民，从群众中来、到群众中去，始终保持同人民群众的血肉联系，始终接受人民批评和监督，始终同人民同呼吸、共命运、心连心。带领人民创造幸福生活是我们党始终不渝的奋斗目标。我们要顺应人民群众对美好生活的向往，坚持以人民为中心的发展思想，以保障和改善民生为重点，发展各项社会事业，加大收入分配调节力度，打赢脱贫攻坚战，保证人民平等参与、平等发展权利，使改革发展成果更多更公平惠及全体人民，朝着实现全体人民共同富裕的目标稳步迈进。同时，在服务人民中不断提升自己，不断完善自己。

其实，带领人民创造幸福生活，全心全意为人民服务，竭心尽力为人民谋利益，是马克思主义政党一贯坚持的政治主张。马克思主义政党的创始人马克思、恩格斯早在作为马克思主义的出生证、无产阶级政党的第一个党纲——《共产党宣言》中就明确指出，共产党所领导的无产阶级运动是绝大多数人为绝大多数人谋利益的运动。我们党的历代领导人，也都把全心全意为人民服务作为党的根本宗旨，作为党一切工作的根本出发点和落脚点，作为党一切理论和实践的制高点。100 年来，我们党进行的一切奋斗，归根到底都是为了实现、维护和发展最广大人民的利益，都是为了让人民群众过上幸福美满的生活。为什么历史和人民最终选择了中国共产党？为什么我们党能够克服重重困难，不断从胜利走向新的胜利？就是因为我们党始终把自己的命运同人民的命运紧密联系在一起，始终以人民的利益为最高的利益，始终保持着与人民群众的血肉联系。我们的党员干部也在服务人民中提高了能力，锻炼了自己。

今天，在全面建设社会主义现代化国家的新发展阶段，党员干部要在服务人民中不断提升自己，不断完善自己，必须始终牢记党的宗旨，坚持一切为了人民、一切依靠人民的基本工作思路，坚持想问题、定政策、办事情着眼于最广大人民群众的根本利益的重要指导原则。这是因为：历史反复证明，“得民心则兴，失民心则亡”。过去是这样，现在是这样，将来也是这样。任何一个政党、任何一个政权都不能违背这个规律。苏联、东欧一些社会主义国家执政党的垮台，固然有许多原因，但最根本的是违背了人民群众的利益。这个沉痛的深刻教训，我们一定要汲取。在新的历史条件下，我们一定要认真倾听、主动适应、不断满足人民群众的诉求，带领人民群众创造幸福生活，真正做到“人民对美好生活的向往，就是我们的奋斗目标”。

同时应当看到，由于党内外、国内外种种复杂因素的影响，党的健康肌体也感染了不少病菌，一些党员、干部在理想信念、思想政治素质、工作能力、作风状况上都处于亚健康状态，人民群众还有不少意见。这方面的问题突出表现在：一些领导干部讲奉献少，想索取多；讲为人民服务少，图个人利益多；甚至有少数领导干部忘记了自己手中的权力是人民给的，必须用来为人民服务，而是滥用人民赋予的权力，为自己或少数人谋取私利，严重损害国家和人民群众的利益。特别是一些腐败分子贪腐胃口之大、数额之巨、时间之长、情节之恶劣，令人触目惊心。有的地方甚至出现了“塌方式腐败”。即使在进入新时代以来，我们党加大党风廉政建设和反腐败斗争力度，很多“四风”问题被曝光，一批领导干部因违纪违法问题相继被查处的情况下，仍有一些腐败分子一意孤行，不收敛、不收手、不知止，甚至变本加厉。这是一个很危险的现象，必须引起我们的高度警觉。我们必须做好以下几点。

第一，不忘初心、牢记使命，就要牢固树立马克思主义群众观。群众观，是对群众的历史地位和作用的基本看法，由此决定着对待群众的基本态度。马克思主义群众观认为，群众是历史的创造者。我们党也始终认为，群众是真正的英雄，是我们党的力量源泉和胜利之本。1981年，党的十一届六中全会通过的《关于建国以来党的若干历史问题的决议》指出：“党是为人民的利益而存在和奋斗的，但是党永远只是人民的一小部分；离开人民，党的一切斗争和理想不但会落空，而且都要变得毫无意义。”在当今新的形势下，党的事业能不能顺利发展，关键就在于我们党能不能始终保持同人民群众的血肉联系，能不能充分发挥人民群众的积极性、主动性、创造性。

第二，不忘初心、牢记使命，就要坚持以人民为中心的发展思想。

中国共产党是中国最广大人民根本利益的忠实代表者和坚定维护者，这不仅体现在党的理论观点上，更重要的是体现在党的实践中。党的十八大以来，“五位一体”总体布局、“四个全面”战略布局、新发展理念等，是我们党在新形势下治国理政的新理念和新方略，是事关党和国家长远发展的新布局和总战略，全党要把思想和行动统一到党中央的路线方针政策上来。要通过领导发展，深化改革努力满足人民群众日益增长的美好生活需要。一定要使群众得到应该得到的、看得见的物质利益，而且随着经济的发展，要使群众得到的、看得见的物质利益不断有所增加。这样才能使群众越来越深刻地认识到，实行改革开放和实现社会主义现代化是祖国的富强之道，也是自己的富裕之道，更加自觉地为之共同奋斗。这是我们事业不断发展并取得最终成功的根本保证。

第三，不忘初心、牢记使命，就要保证人民赋予的权力始终用来为人民谋利益。从执政党的特点出发，我们要深刻汲取国外政党处理党群关系的经验教训，完善社会主义民主，完善权力监督机制，保证人民赋予的权力始终用来为人民谋利益。尊重人民主体地位，保证人民当家作主，是我们党的一贯主张。党在社会主义国家的执政地位，给我们党运用手中的权力为人民服务提供了许多便利条件。但是，权力如果得不到监督，就会滥用，就会产生腐败，这是为古今中外的事实所证实了的规律。党员和干部虽然有较高的政治觉悟和道德水准，但这只是为党员、干部正确运用权力奠定了自律的思想基础，还必须有强有力的监督，发挥他律的作用，才能保证人民赋予的权力始终用来为人民谋利益。凡是涉及群众切身利益的决策都要充分听取群众意见，凡是损害群众利益的做法都要坚决防止和纠正。党员干部不但要下决心解决脱离群众、形式主义、官僚主义等问题，还要坚决维护党规党纪的严肃性，对那些侵犯群众利益的行为要敢于较真、敢于斗争。[1]

总之，领导干部要牢固树立全心全意为人民服务的思想，坚持一切为了人民、一切依靠人民的基本工作思路，在不断服务人民的实践中提升服务人民的本领和水平。

·案例链接·

山东青岛：

"作风能力提升年"动员令 推动全市上下转变作风强能力

2022年2月24日下午，山东省青岛市"作风能力提升年"活动动员大会在市级机关会议中心召开。这是一次作风能力建设的自我革命，市委决定在全市开展"作风能力提升年"活动，发出了开局抓作风、聚力谋发展的强烈信号。纪委和市委书记在会上当面具体指出出现问题的区市、街道以及人员，很多党员干部违纪违法和作风问题被查处，受到惩处和通报，其中有不少是年轻干部。会上宣读了《关于开展"作风能力提升年"活动的实施方案》，提出了明确的目标任务：把"作风能力提升年"活动作为推动全年工作的重要抓手，锻造新时代青岛干部队伍"凡事讲政治、谋事为群众、干事重实效、成事争一流"的作风能力，

(1) 参见中央党校中国特色社会主义理论体系研究中心：《徜徉在人民的海洋里才能不忘初心》,《解放军报》2016年7月15日。

奋力开启青岛改革发展新篇章。

（一）作风能力建设就是抓执行、抓落实、抓发展

作风建设决定事业成败，抓作风，就是抓执行、抓落实、抓发展。习近平总书记高度重视作风建设，指出“作风建设永远在路上，任何时候都不能松懈”，强调“风险越大、挑战越多、任务越重，越要加强党的作风建设，以好的作风振奋精神、激发斗志、树立形象、赢得民心”。青岛市委高度重视干部队伍建设和作风能力建设，市委十二届十次全体会议对坚持和落实新时代好干部标准，培养选拔高素质专业化干部提出明确要求：要信念坚定、对党忠诚；要牢记宗旨、为民服务；要勤政务实、真抓实干；要敢于担当、勇于斗争；要清正廉洁、不逾底线。

（二）聚力提升“四项作风能力”和“四种本领”

各方面制约因素仍在持续，困难和挑战明显增多，青岛自身还面临着不少发展中的问题亟待破解。少数干部身上不亲民、不守信、不作为、不敬畏、不进取、不务实、不担当、不严细等问题仍不同程度存在。只有不断改进作风，才能推动各项工作走深走细、落到实处。正风气是为了培育干事创业的浓厚氛围，提能力是为了帮助大家克服“本领恐慌”，为经济社会发展提供更加坚实有力的支撑。动员大会给广大干部指明了方向——要锻造新时代青岛干部队伍“凡事讲政治、谋事为群众、干事重实效、成事争一流”的作风能力，提升政治本领、群众工作本领、狠抓落实本领、改革攻坚本领。

（三）以作风转变促能力提升，以能力提升促事业发展

面对城市更新和城市建设这一重大命题，青岛以“闯”的精神、“创”的劲头、“干”的作风，亮出了全新打法——实施城市更新和城市建设三年攻坚行动，开展历史城区保护更新、重点低效片区（园区）开发建设、旧城旧村改造建设、市政设施建设、交通基础设施建设、地铁建设及地铁沿线开发建设、停车设施建设、公园城市建设八大行动，分清轻重缓急，梳理各行动中的重点领域、关键环节、重要项目及难点堵点问题，按照“工作项目化、项目清单化”要求，细化形成三年攻坚行动任务书、时间表、路线图，推动项目快落地、快见效。

作风建设抓实了就是生产力，抓细了就是凝聚力，抓好了就是竞争力。要以常抓的韧劲和抓长的耐心，推动全市上下转变作风强能力，真抓实干促发展，大力弘扬“严、真、细、实、快”的工作作风，昂扬“事争一流、唯旗是夺”的激情斗志，推动青岛在全省勇当龙头、在全国争先进位。

（摘编自《青岛日报》2022 年 2 月 25 日）

案例分析

青岛市关于“作风能力提升年”活动动员大会是一次作风能力建设的自我革命。青岛市委高度重视干部队伍建设和作风能力建设，对坚持和落实新时代好干部标准、培养选拔高素质专业化干部都作出了明确要求，反映了青岛市委抓执行、抓落实、抓发展的决心。对于发展中亟待破解的问题，动员大会给广大干部指明了方向——要锻造新时代青岛干部队伍的“四项作风能力”和“四种本领”。青岛市委将作风的转变作为提升能力的动能，实施城市更新和城市建设三年攻坚行动，并细化形成三年攻坚行动任务书、时间表、路线图，推动项目落地、见实效。青岛市抓生产力，抓凝聚力，抓竞争力，将作风建设落地坐稳，开启了改革发展新篇章。

第七章

在实际工作中力戒形式主义、官僚主义

·政策背景·

党的十八大以来，习近平总书记着眼于形式主义、官僚主义对党和国家的危害，就力戒形式主义、官僚主义的重大意义、目标任务、治本之策、推进路径等阐发了一系列富有创造性的新理念新思想新战略，形成了关于力戒形式主义、官僚主义的重要论述。2017 年 12 月，习近平总书记在十九届中共中央政治局召开的民主生活会上发表的重要讲话中强调："形式主义、官僚主义同我们党的性质宗旨和优良作风格格不入，是我们党的大敌、人民的大敌。"党的十九大以后，以习近平同志为核心的党中央先后将 2018 年作为"脱贫攻坚作风建设年"，将 2019 年作为"基层减负年"，着力解决困扰基层的形式主义问题，让基层干部轻装上阵，取得明显成效。2019 年，全党开展了"不忘初心、牢记使命"主题教育。在党中央坚强领导下，主题教育把反对形式主义、官僚主义作为突出要求，力戒虚功、务求实效，达到了预期目的，取得了重大成果。2019 年 1 月 11 日，习近平总书记在十九届中央纪委三次全会上明确指出："要把力戒形式主义、官僚主义作为重要任务。"2019 年底，习近平总书记强调，形式主义、官僚主义之弊非一日之寒，从根子上减轻基层负担也非一日之功。党的二十大报告强调，重点纠治形式主义、官僚主义。这些充分彰显了中国共产党人坚决破除形式主义、官僚主义歪风的政治自觉和行动自觉。

当前，党内存在的形式主义、官僚主义问题是多种因素综合作用的结果。面对这些形式主义、官僚主义的危害，我们要有深刻、清醒的认识，绝不能掉以轻心。广大党员干部应贴近社会实际，调查研究，把党的优良传统和作风，密切联系群众、批评和自我批评等落实在实践中。加强理论学习，树立正确的政绩观、权力观、道德观，从根子上扫除形式主义、官僚主义滋生的土壤。

· 实践探索 ·

执政党的作风事关人心向背，事关党的生死存亡，事关国家前途命运。然而，纵观党的作风建设的历史与现实，形式主义与官僚主义始终是难以根治的“顽疾”。党的十八大以来，以习近平同志为核心的党中央大力整治“四风”，成效卓著，“四风”问题得到有效整治，享乐主义、奢靡之风基本刹住，但形式主义和官僚主义仍然在一定范围内存在，甚至出现隐形变种，需要拿出更大的决心和力度予以坚决整治。

一、熟悉实际工作中形式主义、官僚主义的表现

反对形式主义、官僚主义，永葆党的先进性和纯洁性，是马克思主义政党的本质要求，是中国共产党应对、经受和战胜各种风险考验、永葆青春活力的秘诀。100 多年来，党始终保持对形式主义、官僚主义的

高度警觉，不断从世界观、方法论高度，从讲政治的高度审视形式主义、官僚主义的实质和危害，不断根据各类形式主义、官僚主义的新发展、新变化精准施策，与之进行坚决而不妥协的严肃斗争，有效地保障了党的先进性、纯洁性。

党的十八大以来，习近平总书记就查摆和纠正形式主义、官僚主义问题作出重要指示，强调“纠正‘四风’不能止步，作风建设永远在路上”，再次向全党释放强烈信号——坚定不移全面从严治党，驰而不息改进作风。2017 年 12 月初，中央纪委有关负责同志在接受采访时指出，形式主义、官僚主义在一定程度上仍然存在，在一些地方和单位问题还比较突出，主要有以下 10 种表现。

第一，在贯彻落实方面，有的领导干部对贯彻落实党中央重大决策部署表态多调门高，但行动少落实差，虚多实少，仅仅满足于“轮流圈阅”“层层转发”“安排部署”，个别领导干部说一套做一套，我行我素。

第二，在调查研究方面，有的单位搞形式、走过场，像打造旅游线路一样打造“经典调研线路”，无论什么调研主题，去的是同一条路线、访的是同一批对象、听的是同一套说辞，搞“大伙演、领导看”的走秀式调研。

第三，在服务群众方面，有的单位表面上推进服务型政府建设，“门好进、脸好看”，但还是“事难办”，将过去的“管卡压”变成了现在的“推绕拖”；有的政务服务热线电话长期无人接听；有的政府网站更新的内容主要是领导活动，政务公开、便民服务等栏目几乎成为“僵尸”栏目。

第四，在项目建设方面，一些地方热衷于打造领导“可视范围”内的项目工程，而不考虑客观实际，“不怕群众不满意，就怕领导不注意”“奖状一屋子，工作还是老样子”。

第五，在召开会议方面，一些地方无论什么会议都要层层重复开，一个接一个，检查评比“走马灯”，导致干部疲于应付，没有时间抓落实。

第六，在改进文风方面，有的地方写文件、制文件机械照搬照抄，出台制度规定“依葫芦画瓢”，内容不是来自调查研究，而是源自抄袭拼凑。

第七，在责任担当方面，有的领导干部“只求不出事，宁愿不做事”，凡事都要上级拍板，避免自己担责，甚至层层往上报、层层不表态。

第八，在工作实效方面，有的地方对工作不重实效重包装，把精力都放在“材料美化”上，一项工作刚开始就急于总结成绩、宣传典型，搞“材料出政绩”。

第九，在履行职责方面，有的部门热衷于与下属单位签订“责任状”，将责任下移，试图让下级的“责任状”成为自己的“免责单”。

第十，在对待问题方面，有的党员干部对身边不良风气和违规问题态度漠然，事不关己、高高挂起，知情不报、听之任之，甚至在组织向其了解情况时仍不说真话。

这些问题，正如习近平总书记所指出的，“看似新表现，实则老问题”，必须下大力气加以整治。(1)

二、认识实际工作中形式主义、官僚主义的根源

党的作风就是党的形象，关系人心向背，关系党的生死存亡。形式

（1） 参见《中纪委：形式主义和官僚主义的10种表现》，《人民日报》2017年12月12日。

主义、官僚主义同我们党的性质、宗旨和优良作风格格不入，是我们党的大敌、人民的大敌。2013 年 7 月 11 日至 12 日，习近平总书记在河北调研指导党的群众路线教育实践活动时的讲话中深刻指出：“形式主义实质是主观主义、功利主义，根源是政绩观错位、责任心缺失，用轰轰烈烈的形式代替了扎扎实实的落实，用光鲜亮丽的外表掩盖了矛盾和问题。官僚主义实质是封建残余思想作祟，根源是官本位思想严重、权力观扭曲，做官当老爷，高高在上，脱离群众，脱离实际。”

形式主义、官僚主义使党和人民长期形成的“鱼水关系”在一些地方变成了“油水关系”甚至“水火关系”。形式主义、官僚主义不仅严重脱离群众、为人民群众所痛恨，更从根子上背离了党性、丢掉了宗旨，最终会严重影响党的形象和公信力，像一堵无形的墙把我们党和人民群众隔开，使党丧失根基。因此，克服官僚主义、形式主义等不良作风是新的历史条件下进一步始终保持党同人民的血肉联系的重要条件。

第一，认清形式主义、官僚主义的实质。马克思、恩格斯虽然没有使用“形式主义”这个词，但从一开始就对它的实质进行了批判。在 19 世纪七八十年代的法国，工人组织内部各派系都以“马克思主义者”自居，只顾着表面形式上的争论而忽视思想内容上的理解。对此，马克思发出了“我只知道我自己不是马克思主义者”[1]的怒斥。十月革命后，官僚主义在俄共（布）执政条件下不仅没有绝迹，而且相当普遍地“复活”。随着苏维埃政权的建立、党员数量的快速增长，俄国的官僚主义现象引起了列宁的注意。列宁十分清楚无产阶级夺取政权后肩负的历史重任。1921 年 4 月，他在《论粮食税》一文中谈到对官僚主义的认识和

（1）《马克思恩格斯选集》第四卷，人民出版社 1995 年版，第 695 页。

斗争过程。他说，在 1918 年 5 月 5 日，官僚主义还没有引起我们注意。在 1919 年俄共（布）八大上，根据列宁的提议，在通过的党纲里明确提出同官僚主义作斗争。1920 年，列宁在俄共（布）九大上提出，必须建立一个同中央委员会平行的监察委员会，并指出监察委员会对于巩固党的统一，维护党的威信，同侵入党的官僚主义和升官发财思想，同党员滥用自己在党内和苏维埃中职权的行为等作斗争的重要性。1921 年 3 月，列宁在俄共（布）十大上指出："官僚主义的脓疮无疑是存在的，这是大家公认的，必须同它作有效的斗争。"(1) 官僚主义是苏维埃国家机关内部的"最大毛病""最大的危险""最可恶的敌人"。除此之外，列宁认为，由于历史、经济、文化等因素影响，反对官僚主义，尤其在落后的小农国家里反官僚主义斗争不是容易的事情。必须经过反复斗争，随着生产力水平的提高和全社会文明程度的提高，才能得到彻底解决。

第二，找准形式主义、官僚主义的思想根源。形式主义、官僚主义的产生有五大根源：一是政绩观错位导致脱离实际、胡乱作为。从"四风"的实质和后果来看，形式主义实质是主观主义、功利主义，根源是政绩观错位，责任心缺失，用隆重的形式代替扎实的落实，用亮丽的外表掩盖矛盾和问题。现实生活中，一些党员干部没有树立正确的政绩观，也未根据客观规律谋划发展，更未做到发展是为了造福人民。政绩观错位导致在工作上急功近利、脱离实际，只重显绩不重隐绩，只练唱功不练做功，只作秀不做事，背离人民立场和党的宗旨。二是责任心缺失、本领恐慌导致懒政怠政。当前，一些党员领导干部缺乏事业心责任心，"不求有功、但求无过"。特别是有些县区基层的领导干部面临着维稳压

（1）《列宁全集》第四十一卷，人民出版社 1986 年版，第 25 页。

力大、发展任务重、矛盾纠纷多等诸多挑战，缺乏担当精神和过硬本领，难以担当重任。因此，新时代领导干部要敢于担当、敢于斗争，保持斗争精神、增强斗争本领，年轻干部要到重大斗争中去真刀真枪干。三是官本位思想严重导致脱离群众、高高在上。一些党员干部以权谋私、与民争利，干工作不是先考虑群众利益，而是先考虑小团体、本部门、本单位的利益，乱收费、乱集资、乱摊派，侵害群众利益，甚至中饱私囊；一些党员领导干部高高在上、脱离群众，对群众的安危冷暖漠不关心，工作方式简单粗暴，甚至肆意欺压群众。因此，形式主义、官僚主义同党和政府的性质和宗旨格格不入的，同人民群众的利益格格不入的，必然会引起群众的强烈不满。四是发现难监督难导致心存侥幸、少有顾忌。形式主义界线的不明晰，特别是形式主义者往往又会摆出很多冠冕堂皇的理由，披上各种各样“政治正确”的外衣，给甄别带来一定的困难，给监督和问责带来一定的难度。五是官僚主义催生形式主义。上级的形式主义、官僚主义催生了下级的形式主义、官僚主义，下级的形式主义、官僚主义则是用来糊弄上级的形式主义、官僚主义的。针对形式主义、官僚主义的源头，党的十八大以来，我们党坚持从讲政治高度整治形式主义、官僚主义，从领导机关和领导干部抓起改起，深入查找贯彻落实党的理论和路线方针政策上存在的政治偏差，深化治理贯彻党中央决策部署只表态不落实、维护群众利益不担当不作为，集中整治形式主义、官僚主义成效明显。因此，各级纪检监察机关应坚持党中央决策部署到哪里、监督检查就跟进到哪里，坚决整治在贯彻落实党中央重大决策部署中的形式主义、官僚主义问题，着力纠治困扰基层的形式主义、官僚主义问题，严肃查处在人民群众利益上不维护、不作为等问题。第三，切中形式主义、官僚主义的症结要害。形式主义是中国共产党执政的大敌。“开几个座谈会，就算‘走了群众路线’，往下走一走就是‘深入基层’，与群众谈几句话就是‘深入群众’。”这种重形式轻内容、重行动轻实效、务虚多务实少的作风，必定带来人力、物力和财力上的高投入，实际效益上的低产出甚至不产出。现阶段官僚主义的种种表现，如贪图虚名、摆官架子、铺张浪费、追名逐利、以权谋私等，不仅破坏了党和政府在人民群众中的良好形象，也使人民群众对廉洁、务实、为民政府的建设产生了怀疑。形式主义、官僚主义是一个顽症，其最核心的问题就是不真抓、不实干。打蛇打“七寸”，只要我们一心一意真抓实干，就扼住了形式主义、官僚主义的要害。比如，一些困扰基层的形式主义问题依然存在，形式主义、官僚主义产生的思想根源远未根除。有的党员、干部学习党的创新理论没有真正入脑入心，少数干部没有牢固树立正确的政绩观，贯彻新发展理念还想不清楚、弄不明白、做不到位，等等。除此之外，还有一些形式主义现象改头换面、隐形变异，有的屡禁不止，干部群众反映强烈。又如，有的以形式主义反对形式主义，以官僚主义反对官僚主义；有的口号喊得震天响、行动起来轻飘飘，而有的地方要求事事留痕，把“痕迹”当“政绩”；有的领导干部一点小事都要上报请示，看似讲规矩，实则不担当。总之，形式主义者和官僚主义者在内心深处不相信群众，忽视群众的建议和要求。习近平总书记指出，中华民族伟大复兴，绝不是轻轻松松、敲锣打鼓就能实现的。全面建成社会主义现代化国家要靠实干，实现中华民族伟大复兴更要靠实干。因此，要切中形式主义、官僚主义的症结要害。通过紧盯违纪问题、严明纪律要求、加强通报曝光，形成落实中央八项规定、纠正“四风”的高压态势，对于我们纠正形式主义、官僚主义十分必要。

形式主义、官僚主义现象，是党和国家政治生活中广泛存在的一个大问题，也可以说是一个政治顽症。党内存在的形式主义、官僚主义，不仅污染和破坏了党内政治生态和社会环境，还削弱党的执政能力，甚至损害了党的形象，影响了党和人民事业发展，是阻碍党的路线方针政策和党中央重大决策部署贯彻落实的大敌。2012 年 11 月 15 日，习近平总书记在十八届中央政治局常委首次同中外记者见面时坦诚地指出，一些党员干部中发生的贪污腐败、脱离群众、形式主义、官僚主义等问题，必须下大力气解决。要求全党必须警醒起来。坚持党要管党、从严治党，切实解决党内存在的突出问题。习近平总书记在《关于〈关于新形势下党内政治生活的若干准则〉和〈中国共产党党内监督条例〉的说明》中指出："在长期实践中，党内政治生活状况总体是好的，但一个时期以来，也出现了一些亟待解决的突出矛盾和问题，主要是：在一些党员、干部包括高级干部中，理想信念不坚定、对党不忠诚等，形式主义、官僚主义、享乐主义和奢靡之风问题突出等。特别是高级干部中极少数人政治野心膨胀、权欲熏心，搞阳奉阴违、结党营私、团团伙伙、拉帮结派、谋取权位等政治阴谋活动。这些问题，严重侵蚀党的思想道德基础，严重破坏党的团结和集中统一，严重损害党内政治生态和党的形象，严重影响党和人民事业发展。周永康、薄熙来、郭伯雄、徐才厚、令计划等人严重违纪违法案件，不仅暴露出他们在经济上存在严重问题，而且暴露出他们在政治上也存在严重问题，教训十分深刻。"新的征程上，我们应结合具有许多新的历史特点的伟大斗争，针对形式主义、官僚主义问题，从政治上认识和解决，加强党内政治文化和政治生态建设，激浊扬清，从根本上、整体上扭转不良局面。

形式主义、官僚主义都是严重脱离群众、为人民群众所痛恨的不良工作作风和领导作风。1930 年，毛泽东就大声疾呼"形式主义害死人"。

1944年，毛泽东生动描绘了官僚主义的十个形象特征。1963年，周恩来详细列举了官僚主义的二十种表现。2017年12月，习近平总书记就新华社一篇题为《形式主义、官僚主义新表现值得警惕》的文章作出指示。可见，党的历代领导人都清醒地认识到自己所处的历史方位，清醒地认识到新的形势和任务向我们党提出的严峻挑战。因此，不坚决克服形式主义、官僚主义，党同人民群众的血肉联系就会受到严重损害，党的执政地位就有丧失的危险，党就有可能走向自我毁灭。同时要看到，目前党内的形式主义、官僚主义还比较严重，要以深挖细究的态度"找病源"，以坚定坚决的勇气"挖病灶"，以坚忍不拔的韧劲"除病根"。

三、牢记整治形式主义、官僚主义的宝贵经验

进入新时代，面临新形势新任务新要求，习近平总书记敏锐察觉到形式主义、官僚主义是当前党内存在的突出矛盾和问题，是我们党的大敌、人民的大敌，必须坚决予以克服，并把力戒形式主义、官僚主义作为重要任务，并提出了一系列有效管用的整治措施，这为整治形式主义、官僚主义积累了重要经验。

第一，整治形式主义、官僚主义，必须进行坚决斗争，聚焦突出问题。2017年12月25日至26日，习近平总书记在主持中共中央政治局民主生活会时指出："中央政治局的同志不仅要带头不搞形式主义、官僚主义，而且要同形式主义、官僚主义的种种表现进行坚决斗争，聚焦突出问题，充分认识形式主义、官僚主义的多样性和变异性，摸清形式主义、官僚主义在不同时期、不同地区、不同部门的不同表现，紧密联系具体实际，既解决老问题，也察觉新问题；既解决显性问题，也解决隐性问题；既解决表层次问题，也解决深层次问题，抓出习惯，抓出长效。"因

此，整治形式主义、官僚主义，必须坚持问题导向，紧紧围绕密切联系群众这个核心，认真抓好落实。例如，北京市朝阳区纪委坚持科学思维，以问题为导向对症下药、靶向施治，坚决纠治漠视侵害群众利益、加重基层负担的形式主义、官僚主义。一方面，以群众诉求为抓手，对相关部门及工作人员只承诺不执行、不正确履职等形式主义、官僚主义问题开展重点督查，坚决纠治搞虚假诉求、整改不力等问题；另一方面，聚焦群众反映强烈的问题开展专项监督，2021 年主动筛单 2.9 万余件、督办重点问题 2600 余项，对违法建设、教育医疗、养老社保等重点诉求点位直查、分类处置，推动“为民承诺”变为实实在在的行动。

第二，整治形式主义、官僚主义，必须夯实坚定理想信念宗旨根基。坚定的理想信念，是共产党人的政治灵魂，也是共产党人经受住任何考验的精神支柱。一名党员干部只有以理想信念为支撑，才能奋发有为，才能夯实理想信念宗旨这个根基。当前，虽然大多数党员干部理想信念坚定、政治上可靠，但也必须清醒地认识到，在一些党员干部中存在着理想淡漠、信念动摇的严重问题。理想信念出现问题，主要表现在一些人不讲理想讲私利，不信马列信上帝，不信科学信迷信，极易产生形式主义和官僚主义。因此，要加强对各级领导干部的马克思主义理论教育，大力提升马克思主义理论素养，筑牢党员干部的理性信念。此外，要用马克思主义及其中国化理论创新成果武装全党，把学习马克思主义理论作为各级党员干部的必修课，努力提高马克思主义理论素养，以更宽广的视野、更长远的眼光来思考和把握未来发展面临的一系列重大问题，不断提高全党运用马克思主义分析和解决实际问题的能力。

第三，整治形式主义、官僚主义，必须健全党统一领导、全面覆盖、权威高效的监督体系，形成决策科学、执行坚决、监督有力的权力运行体系。坚持和完善党和国家监督体系是中国特色社会主义制度的一个重要组成部分。党和国家监督体系是党在长期执政条件下实现自我净化、自我完善、自我革新、自我提高的重要制度保障。我们党全面领导、长期执政，面临的最大挑战是权力能否得到有效监督、能否防止领导干部受到腐蚀。没有制约与监督的权力必然导致腐败，严重的腐败无疑有害于政党的历史使命的完成，甚至会导致政党的衰败直至解体。因此，整治党内的形式主义、官僚主义，既需要着力完善党和国家监督体系，以政治监督为重点，以党内监督为主导，整合各类监督力量，也要加强对公权力运行的制约和监督，增强监督合力和效力。此外，要进一步拓宽和健全监督渠道，把党内监督与党外监督结合起来，把组织监督与法律监督结合起来，把专门机关监督与群众监督结合起来，还要完善权力配置和运行制约机制，坚持权责法定、权责透明、权责统一，严格执行一系列强化监督的规定，切实防止权力滥用。

第四，整治形式主义、官僚主义，必须精准施治、靶向治疗，加强源头治理和制度建设。2023 年 1 月 9 日，习近平总书记在二十届中央纪委二次全会上强调，要把纠治形式主义、官僚主义摆在更加突出位置，作为作风建设的重点任务，研究针对性举措，科学精准靶向整治，动真碰硬、务求实效。形式主义、官僚主义具有顽固性和反复性，我们不仅要从制度层面找到治本之策，还要透过现象看本质，查找产生问题的深层次原因，在坚定理想信念、完善工作程序、改革体制机制上出实招、求实效，营造风清气正的良好政治生态，铲除不良作风滋生的土壤，牢牢扭住重点环节和关键任务，因地制宜精准施策。例如，甘肃省高台县于 2019 年制定下发《关于在作风建设年活动中开展专项整治的通知》，坚持精准施治，坚决破除形式主义、官僚主义“顽疾”，督促各镇、各部门单位认真自查，全面发现问题，制定专项整治工作方案，确保专项整治取得成效。印发《关于解决形式主义突出问题切实为基层减负的具体措施》，制定基层减负30条措施，部署开展以“三减五规范”为主要内容的基层减负专项行动。县作风办重点对“四察四治”问题整改情况进行督查，反馈的工作问题全部建立问题整改清单，制定了专项整治工作方案；发现的作风问题线索移交相关部门单位处理。

当前，党内脱离群众的问题在某些部门和地区相当严重，集中表现在形式主义、官僚主义、享乐主义和奢靡之风上。形式主义与官僚主义是一对孪生兄弟，官僚主义滋生形式主义，形式主义敷衍、蒙骗官僚主义。习近平总书记在庆祝中国共产党成立100周年大会上的讲话中强调：“中国共产党根基在人民、血脉在人民、力量在人民。中国共产党始终代表最广大人民根本利益，与人民休戚与共、生死相依，没有任何自己特殊的利益，从来不代表任何利益集团、任何权势团体、任何特权阶层的利益。”因此，整治形式主义、官僚主义应做到以下三点：其一，坚持实事求是的思想路线。党的实事求是的思想路线一直以来是指导工作的指导思想和行为准则。这就要求无论在任何时候、任何情况下领导干部都要以高涨的工作热情与严谨的科学态度，尊重实际，按实际情况办事，把党和人民的利益作为一切工作的出发点和落脚点。其二，清理认识误区。领导干部既要反对不要任何形式的倾向，更要坚决防止和克服形式主义。正如习近平总书记在党史学习教育动员大会上所指出的：“要坚决克服形式主义、官僚主义，注意为基层减负。要防止为完成任务应付了事，出现‘人在心不在’等现象，防止照本宣科，防止为了博眼球信口开河。”其三，进行制度创新。要大胆革除在管理体制、领导方式和工作方法上的陈规陋习，铲除形式主义、官僚主义的病根。此外，还要在求真务实上下功夫，督促领导干部把心思凝聚到干事业上，把精力集中到办实事上，把感情倾注到群众身上，把本领用到促发展上，把功夫下到抓落实上。

新时代，我们党面临着许多严峻挑战，党内存在着许多亟待解决的问题。尤其是一些党员干部中发生的贪污腐败、脱离群众、形式主义、官僚主义等问题，必须下大气力解决。要把力戒形式主义、官僚主义作为加强作风建设的重要任务，大力弘扬真抓实干作风，推进工作要实打实、硬碰硬，解决问题要雷厉风行、见底见效，面对难题要敢抓敢管、敢于担责。

总之，坚决同党内、国家机关和群团组织、事业单位内严重违背人民利益的形形色色的形式主义、官僚主义作斗争，不仅有利于党内形成求真务实、清正廉洁的良好政治生态，也有利于调动和激发人民群众的建设国家的积极性和创造性，开启全面建设社会主义现代化国家新征程的宏伟蓝图。

· 案例链接 ·

山东济南：

济南市纪委监委通报三起形式主义官僚主义典型问题

2020 年 5 月 11 日，山东省济南市纪委监委在其网站上通报了 3 起形式主义官僚主义典型问题，以持续深化整治形式主义、官僚主义，发挥典型案例警示教育作用，以案释纪明纪。

（一）市中区住建局党组书记、局长崔某等 3 人对群众反映问题处置不力问题

2019 年 1 月起，市中区某小区业主先后 70 余次通过“12345 市民服务热线”反映物业公司卫生服务差、电梯维修不及时等问题，区住建局一直未采取有效措施予以解决。2019 年 7 月，该物业公司违规撤走保洁人员、撤掉保洁设备，导致小区卫生环境恶劣，小区所在街道办事处将有关情况向区住建局书面报告，仍未引起重视，后该问题被媒体曝光。区住建局作为物业服务监督管理部门，处置不力，监管失职，造成严重不良社会影响。2019 年 10 月，区住建局党组书记、局长崔某受到诫勉谈话处理，区房屋服务中心主任宋某国受到党内警告处分，区住建局物业管理科负责人李某栋受到党内严重警告处分。

（二）章丘区普集街道党工委副书记、办事处主任于某辉对农村改厕工作疏于管理问题

2017 年 4 月，章丘区普集街道成立农村改厕工作领导小组，于某辉任领导小组组长。2017 年底，在竣工验收中，普集街道办事处没有按照要求逐户核实，验收过程流于形式，未发现辖区内河沟村、上柏村弄虚作假应付验收问题。2019 年 5 月，在农村改厕问题排查整改工作中，普集街道办事处在未逐村逐户摸排的情况下，报称已将发现问题基本整治到位，2019 年 6 月被媒体曝光后仍未完全整改到位。2019 年 11 月，国务院农村人居环境大检查第四检查组实地走访发现，普集街道办事处存在验收走过场、整改不求实效、不作为、虚作为问题。于某辉作为普集街道党工委副书记、办事处主任、普集街道改厕工作领导小组组

长，在农村改厕工作中疏于管理，造成严重不良影响。2020 年 3 月 13 日，于某辉受到党内警告处分。

（三）商河县市场监管局党组成员、主任科员胡某泉等 3 人对企业申办业务慢作为问题

2019 年 8 月 14 日，山东某公司商河分公司向商河县计量检定所网上预约申报压力表强制检定业务。预约申请提交后，综合业务室负责人邓某伟未予受理。其间，该公司工作人员将 6 块压力表送至计量检定所，并两次打电话询问，督促检测，所长商某晟仍未安排受理。直至 9 月 24 日该公司向“12345 市民服务热线”反映情况，计量检定所才受理申请并于当天出具检定证书。至 10 月 21 日，中国电子质量监督公共服务门户网站上该笔业务仍显示为“待受理”，网上证书编号、检定结果显示空白。2019 年 12 月 12 日，商河县市场监管局党组成员、主任科员胡某泉受到党内警告处分，商某晟受到党内警告处分，邓某伟受到政务警告处分。

（摘编自齐鲁网 2020 年 5 月 12 日）

案例分析

党的十八大以来，习近平总书记就查摆和纠正形式主义、官僚主义问题作出重要指示，强调“纠正‘四风’不能止步，作风建设永远在路上”，再次向全党释放强烈信号——坚定不移全面从严治党，驰而不息改进作风。济南市纪委监委在其网站上对于因监管失职造成严重不良社会影响，验收走过场、整改不求实效、不作为、虚作为，对企业申办业务慢作为问题等问题进行了通报。通报 3 起形式主义、官僚主义典型问题，持续深化整治形式主义、官僚主义，发挥典型案例警示教育作用，以案释纪明纪。当前，形式主义、官僚主义依然突出，又有新的表现形式。要把力戒形式主义、官僚主义作为加强作风建设的重要任务，大力弘扬真抓实干作风，推进工作要实打实、硬碰硬，解决问题要雷厉风行、见底见效，面对难题要敢抓敢管、敢于担责。

第八章

以钉钉子精神提高抓落实能力

·政策背景·

2016年2月23日，习近平总书记在主持召开中央全面深化改革领导小组第二十一次会议时强调："各地区各部门要牢固树立全局意识、责任意识，把抓改革作为一项重大政治责任，坚定改革决心和信心，增强推进改革的思想自觉和行动自觉，既当改革促进派、又当改革实干家，以钉钉子精神抓好改革落实，扭住关键、精准发力，敢于啃硬骨头，盯着抓、反复抓，直到抓出成效。"2022年10月25日，习近平总书记在二十届中央政治局第一次集体学习时强调，不注重抓落实，不认真抓好落实，再好的规划和部署都会沦为空中楼阁。

抓改革落实，要遵循改革规律和特点，建立全过程、高效率、可核实的改革落实机制，推动改革举措早落地、见实效。一要抓主体责任，凡是承担改革任务的地方和部门，都要知责明责、守责尽责，各就各位、各负其责。二要抓督办协调，把部门协调难度大、政策关联度高的改革举措作为重点，谋划改革举措出台时机和节奏，协调解决改革推进中的矛盾和问题。三要抓督察落实，强化督察职能，健全督察机制，抓紧构建上下贯通、横向联动的督察工作格局。四要抓完善机制，抓紧完善督办协调、督察落实、考评激励、责任追究等工作机制。五要抓改革成效，把是否促进经济社会发展、是否给人民群众带来实实在在的获得感，作为改革成效的评价标准。六要抓成果巩固，及时总结推广改革经验，把各项成果总结好、巩固好、发展好，努力使实践成果上升为制度成果。

各级党委要着力提高领导干部谋划、推动、落实改革的能力，引导干部树立与全面深化改革相适应的思想作风和担当精神，既鼓励创新、表扬先进，也允许试错、宽容失败，最大限度调动广大干部的积极性、主动性、创造性，推动全社会形成想改革、敢改革、善改革的良好风尚。(1)

· 实践探索 ·

2020 年 10 月 10 日，习近平总书记在中共中央党校（国家行政学院）中青年干部培训班开班式上的重要讲话中明确强调："年轻干部要提高抓落实能力。干事业不能做样子，必须脚踏实地，抓工作落实要以上率下、真抓实干。特别是主要领导干部，既要带领大家一起定好盘子、厘清路子、开对方子，又要做到重要任务亲自部署、关键环节亲自把关、落实情况亲自督查，不能高高在上、凌空蹈虚，不能只挂帅不出征。干事业就要有钉钉子精神，抓铁有痕、踏石留印，稳扎稳打向前走，过了一山再登一峰，跨过一沟再越一壑，不断通过化解难题开创工作新局面。"

（1） 参见《深入扎实抓好改革落实工作　盯着抓反复抓直到抓出成效》，《人民日报》2016 年 2 月 24 日。

一、为什么抓落实是领导工作中一个极为重要的环节

习近平曾在《关键在于落实》一文中指出，“抓落实是领导工作中一个极为重要的环节，是党的思想路线和群众路线的根本要求，也是衡量党员领导干部世界观正确与否和党性强不强的一个重要标志”。如果落实工作抓得不好，再好的方针、政策、措施也会落空，再伟大的目标任务也实现不了。因此，抓落实能力是领导干部能力结构中不可或缺的组成部分，是决定党和国家各项方针政策、工作部署和措施要求能否真正落到实处、落地生根的决定性力量。

蓝图已绘就，关键在落实。蓝图再好、规划再科学、措施再得力，如果领导干部没有抓落实的能力使之执行到位，那就只能成为镜花水月、海市蜃楼。进入新时代，习近平总书记多次强调要狠抓工作落实，要求领导干部在中国特色社会主义伟大实践中不断增强抓落实的能力。党的十九届五中全会审议通过了《中共中央关于制定国民经济和社会发展第十四个五年规划和二〇三五年远景目标的建议》，十三届全国人大四次会议通过了《中华人民共和国国民经济和社会发展第十四个五年规划和2035年远景目标纲要》，我国在全面建成小康社会、实现第一个百年奋斗目标之后，已开启全面建设社会主义现代化国家新征程、向第二个百年奋斗目标进军。这些宏伟蓝图和远景目标，只能而且必须在领导干部以上率下、真抓实干中才能实现。为此，提高领导干部抓落实能力，极端重要、势在必行。

“为政贵在行，以实则治，以文则不治。”在中国历史上，有许多空谈误国的教训。比如，战国时期的赵括，只会“纸上谈兵”，以致40万赵军全军覆没，赵国从此一蹶不振直至灭亡。历史上两晋学士“清议空

谈”，此类误国之鉴令人深省。“道虽迩，不行不至；事虽小，不为不成。”“空谈误国，实干兴邦。”这是千百年来从历史经验教训中总结出来的治国理政的一个重要结论。我们党坚持以马克思主义为指导，善于把远大目标、最高纲领同脚踏实地、埋头苦干紧密结合起来。中国共产党成立 100 多年来，在革命、建设、改革各个时期，我们党和人民的事业之所以能够取得一个又一个伟大胜利，我们党在全国各族人民中之所以能够拥有崇高的威望，靠的就是把马克思主义基本原理同中国具体实际结合起来形成的正确的理论和路线方针政策，靠的就是全党同志团结带领人民群众一步一个脚印地把党的路线方针政策变成认识世界和改造世界的巨大精神力量与物质力量。可见，把党的理论路线方针政策变为实践的伟力，狠抓工作落实、提高抓落实能力，在其中起着至关重要的作用。

“社会主义是干出来的，新时代是奋斗出来的。”习近平总书记多次强调这一观点，对抓落实的重要意义、基本要求、基本方法进行了深刻的阐述，要求广大党员、干部特别是各级领导干部，紧密结合我国实际情况，坚持讲实话、出实招、办实事、务实效，把工作着力点真正放到研究解决影响党和国家事业发展的重大问题上，放到研究解决群众生产生活中的紧迫问题上，放到研究解决党的建设中的突出问题上，坚持以求真务实、崇尚实干精神去抓落实，并在抓落实的实践中不断提高党性、提高能力。

二、如何找准工作着力点，避免眉毛胡子一把抓

新时代，领导干部改革攻坚能力涉及的内容很多，必须找准着力点，避免眉毛胡子一把抓。具体来说，主要有以下几个着力点。

1. 锻造改革的勇气和攻坚的决心

习近平总书记强调:“党政主要负责同志是抓改革的关键，要把改革放在更加突出位置来抓，不仅亲自抓、带头干，还要勇于挑最重的担子、啃最硬的骨头，做到重要改革亲自部署、重大方案亲自把关、关键环节亲自协调、落实情况亲自督察，扑下身子，狠抓落实。”党的十八大以来，以习近平同志为核心的党中央团结带领全党全国各族人民，全面审视国际国内新的形势，通过总结实践、展望未来，深刻回答了新时代坚持和发展什么样的中国特色社会主义、怎样坚持和发展中国特色社会主义，建设什么样的社会主义现代化强国、怎样建设社会主义现代化强国，建设什么样的长期执政的马克思主义政党、怎样建设长期执政的马克思主义政党等重大时代课题，提出一系列原创性的治国理政新理念新思想新战略，形成了习近平新时代中国特色社会主义思想，坚持统筹推进“五位一体”总体布局、协调推进“四个全面”战略布局，坚持稳中求进工作总基调，推动党和国家事业取得历史性成就、发生历史性变革，中国特色社会主义进入了新时代。党的十八大以后，中国面临着改革下一步向何处去的问题，以习近平同志为核心的党中央以巨大的政治勇气和智慧，提出全面深化改革总目标是完善和发展中国特色社会主义制度、推进国家治理体系和治理能力现代化，着力增强改革系统性、整体性、协同性，着力抓好重大制度创新，着力提升人民群众获得感、幸福感、安全感，推出多项改革方案，啃下了不少硬骨头，闯过了不少急流险滩，改革呈现全面发力、多点突破、蹄疾步稳、纵深推进的局面。

艰难困苦，玉汝于成。改革开放 40 多年来，从开启新时期到跨入新世纪，从站上新起点到进入新时代，40 多年风雨同舟，40 多年披荆斩棘，40 多年砥砺奋进，我们党引领人民绘就了一幅波澜壮阔、气势恢宏的历史画卷，谱写了一曲感天动地、气壮山河的奋斗赞歌，使改革开放成为当代中国最显著的特征、最壮丽的气象。改革只有进行时，没有完成时。我们必须看到，目前改革已经全面进入深水区，易解决的问题基本解决，剩下的都是难啃的骨头、烫手的山芋、复杂的矛盾，解决这些深层次问题，需要更多的智慧与诚意，更大的决心、勇气与胆略，更需要各级领导干部锻造改革的勇气和攻坚的决心。

政治路线确定之后，干部就是决定性的因素。各级干部只有勇于、敢于、乐于当改革的闯将，才能形成巨大合力，将我们党的改革事业推向前进。为此，干部特别是年轻干部要从以下两个方面努力。

第一，锻造改革的勇气。开弓没有回头箭，改革没有回头路，必须一鼓作气、坚定不移。这就要求领导干部以更加奋发有为的精神状态和昂扬向上的精神风貌，在改革的实践中勇于创新，提高自身攻坚克难的能力水平。领导干部不仅需要破除妨碍改革发展的思维定式，顺应潮流、与时俱进，也需要始终保持谦虚谨慎、不骄不躁的作风。此外，由于改革必然触及利益，碰到各种复杂关系的羁绊，领导干部要有一定的思想和心理准备，提高心理承受能力，进而提高对整个改革的认识，有勇气、有胆识、有担当，敢于出招、敢于得罪人、敢于突破既得利益，真正让改革落地。

第二，锻造攻坚的决心。对于领导干部来说，锻造攻坚的决心，就是要在改革中遇到困难和问题需要攻坚的时候，以勇往直前的昂扬之气和舍我其谁的无敌斗志去冲锋陷阵。领导干部既要善做运筹帷幄的将军，也要敢当赴汤蹈火的先锋，带头参与改革，积极投身改革，带领人民群众涌入改革的潮流，不断攻克改革中的一个个难题、啃下一块块硬骨头。这样才能产生和释放“其身正，不令而行”的正能量，才能创造

“天翻地覆慨而慷”的改革伟业。

2. 把干事热情和科学精神结合起来

改革攻坚是一项既需要勇气也需要方法的工作，因此，领导干部培养改革攻坚能力，其中重要的一项就是把干事热情和科学精神结合起来。具体有以下几个方面。

第一，领导干部满怀干事创业的热情，是做好一切工作的前提。党的十八大结束后，习近平总书记在十八届中共中央政治局常委首次同中外记者见面时，突出强调了对民族的责任、对人民的责任和对党的责任，给全党同志传递的是对人民满怀深厚感情的宗旨意识，对党的事业高度负责的责任意识。领导干部干事创业的热情如何，本质上是对民族、对人民、对党的责任心够不够的问题。如果一个领导干部，对民族、人民和党抱有极强的责任心，对党和国家的事业抱有极高的热忱，一定会满怀干事创业的激情。这种激情不会因为年龄的增长而衰退，也不会因为个人境遇的改变而有所改变。领导干部因为自身肩负的职责，在各个领域承担着大大小小的任务，这些任务关系改革发展，关系人民福祉。从这个角度来说，只有用热情才能推动工作发展，只有用热情才能实现攻坚克难。在这个过程中，有一个把责任转化为热情和动力的过程，其关键在于领导干部从内心明确自己的责任并在工作中找准路径，将这种责任化为工作内容。

第二，领导干部秉持干事创业的科学精神，是做好一切工作的保障。实事求是，坚持一切从实际出发是中国共产党人世界观、方法论的基石。然而，实事求是这个可贵精神和政治品格，在一些党员干部身上正在逐渐退化，有的甚至已经丢失。现实中，诸如鸵鸟心态、形式主义、弄虚作假、故步自封等各种影响改革深入推进的“拦路石”不容小觑，这些说到底还是违背了实事求是的科学精神。中国特色社会主义事业越前进、越发展，新情况新问题就越多，面临的风险和挑战就越多，这就需要以实事求是的态度对待马克思主义经典，始终坚持实践才是检验真理的唯一标准。掌握和运用好实事求是这个马克思主义的精髓和灵魂，就要求领导干部树立科学的精神，在平时的学习和工作中多观察多思考，多学习现代科学文化知识，多掌握现代信息传媒手段，多掌握现代施政理念，运用科学决策的方法，坚持科学决策的习惯。这样不仅能够起到事半功倍的效果，而且能够使各项决策和各方面工作最大限度地符合实际情况、符合客观规律、符合人民意愿。

第三，领导干部把干事热情和科学精神结合起来，是做好一切工作的根本。对一个领导干部来说，光有干事热情或者仅有科学精神是不够的，必须把两者结合起来。如果仅有干事热情而不注重科学精神，在工作中就有可能拍脑袋决策，甚至被纷繁复杂的信息所困扰，造成蛮干，从而贻误战机。如果仅有科学精神而不具备干事热情，那么，领导干部在改革攻坚中就可能显得冲劲不够，在关键时刻关键领域需要拍板的时候显得瞻前顾后，同样会贻误战机。因此，从全面辩证的角度看，领导干部必须把干事热情和科学精神结合起来，既要有改革攻坚的激情、热情、闯劲，也要有求实的科学精神，通过现代科学理念和方法推动改革攻坚顺利推进。

3. 将把握规律和变革创新结合起来

在把握规律的基础上进行变革创新是中国共产党人工作方法特点的集中体现。领导干部培养改革攻坚的能力，其中的一个重要方面就是将把握规律和变革创新结合起来。

第一，领导干部要善于把握规律。善于把握规律，是我们党百年来奋斗历程中取得成功的一条宝贵经验。在革命战争年代，毛泽东正是把握了战争的规律，从而取得了一次又一次胜利。《毛泽东选集》中的《中国革命战争的战略问题》《抗日游击战争的战略问题》《论持久战》《新民主主义论》等篇都是把握规律的典范。后来，新中国成立之后，毛泽东把对战争规律的把握运用到了对朝鲜战争形势的分析中。针对当时存在的抗美援朝有无胜算的顾虑，毛泽东指出，美帝国主义的军队有一长三短：它的钢铁多，飞机大炮多，是它唯一的优势。但它在世界上的军事基地多，到处树敌，到处布防，兵源不足，是第一短；远隔重洋，是它的第二短；是为侵略而战，师出无名，士气十分低落，是它的致命伤。虽有一长，不能敌这三短。我们则为抗美援朝而战，为保家卫国而战，士气高，兵源又足。我们并不希望速战速决，我们要进行持久战，一步一步消灭它的有生力量，使它每天都有伤亡。它一天不撤退，我们就打它一天；一年不撤退，就打它一年；十年不撤退，就打它十年。这样一来，它就伤亡多，受不了。到那时，它就只好心甘情愿进行和平解决。只要它愿意和平解决，我们就可结束战争。事实证明，毛泽东这一战略分析是极为深刻、完全正确的。(1)

第二，领导干部要善于变革创新。创新是一个民族进步的灵魂，是一个国家兴旺发达的不竭动力，也是一个政党永葆生机的源泉。新中国成立初期，我们党就是在制度方面进行创新，才确立了中共中央集体领导体制。1956 年，毛泽东创意性地提出增设中央政治局常务委员会，并提议由党中央主席、副主席和中央书记处总书记一起组成该委员会，

（1） 参见李海青:《伟大胜利为什么能？——读毛泽东〈抗美援朝的胜利和意义〉》,《学习时报》2020 年 10 月 28 日。

作为中央领导集体的核心。7位中央政治局常委，代表六大机构：中共中央、全国人大、国家主席、国务院、全国政协、中央军委。中央政治局常委会充分发挥了集体领导、个人分工、内部协调、形成合力的领导核心作用。为了避免将中国的前途和命运系在一两个人身上，也包括毛泽东本人，创造性地设计了这一中央政治局常委会集体领导核心政治制度。毛泽东这一设想是深谋远虑的，也是高瞻远瞩的。[1]

在当前国际发展竞争日趋激烈的形势下，领导干部在工作中遇到更多新情况、新问题，必须提高创新能力。要善于用时代的眼光和发展的观点分析、思考问题，探索新路子，融入自己的创新智慧，不断提高创新水平，不断提高自身素质，凝聚干事创业的强大力量，为中国特色社会主义事业作出自己的贡献。

第三，领导干部要善于将把握规律和变革创新结合起来。把握规律和变革创新是不可分割的，在实践中一旦将两者分割开来，必然要犯这样那样的错误。我们共产党人是历史唯物主义者，唯物辩证法是我们认识世界的有力思想武器。按照唯物辩证法，我们是两点论和重点论的统一论者，必须善于将把握规律和变革创新结合起来。

变革创新不是标新立异，也不是漫无目的地另起炉灶，而是在充分把握了规律的基础上进行的符合规律的创新，反之，就会给党和国家事业带来巨大损害。因此，领导干部要充分认识事物发展规律，在此基础上进行创新，这样才有利于推动事业的发展。另外，对于党的各级领导干部来说，把握规律就是为了变革创新。如果不以此为目标，就失去了

（1） 参见胡鞍钢:《〈中国集体领导体制〉连载:二、执政党集体领导体制建立期（1949—1957）》，人民网 2013 年 8 月 14 日。

把握规律的意义。我们万万不可将把握规律和变革创新割裂开来，两者是辩证统一的关系。只有在实践中恰到好处地把握两者之间的关系，才能推动工作向前发展，既能在把握时机的时候抓住机遇进行创新，又能在创新中进一步深化对事物规律的认识。

三、如何以钉钉子精神做实做细做好各项工作

“一分部署，九分落实。”进入新时代，以习近平同志为核心的党中央，面对当今世界百年未有之大变局，面对中华民族伟大复兴的战略全局，面对波谲云诡的国际形势、浩浩荡荡的时代潮流、艰巨复杂的改革发展稳定任务、“三大攻坚战”的决战决胜、“两个一百年”奋斗目标的顺利实现、“十四五”规划的落实落地、不确定性不稳定性的新问题新挑战等，发表了一系列重要讲话，明确提出各级领导干部要狠抓工作落实，提高抓落实的能力水平。特别是习近平总书记关于抓落实发表的一系列重要论述，为新时代领导干部提高抓落实能力指明了重要方向、提供了根本遵循。

1.“要把抓落实摆在突出位置”

“抓落实是领导工作的一个基本环节，也是各级领导干部的一项重要职责。决策部署作出以后，对广大干部特别是基层干部来说，最重要的莫过于求真务实、狠抓落实。”[1]必须把抓落实摆上重要位置，做到落实、落实、再落实。实践表明，抓而不紧，等于不抓；抓而不实，等于白抓。抓好落实，我们的事业就能充满生机；不抓落实，再好的蓝图也是空中楼阁。能否做到狠抓落实，是否善于狠抓落实，这是衡量领导干

(1) 习近平:《之江新语》，浙江人民出版社2007年版，第241页。

部作风、能力、水平的重要标志。正确的战略需要正确的战术来落实和执行，落实才能出成绩，执行才能见成效。做任何一项工作，我们不能浅尝辄止、虎头蛇尾，而要真抓实干，善作善成。“抓而不成，不如不抓。”2015年10月29日，习近平总书记在党的十八届五中全会第二次全体会议上强调，“要把抓落实摆在突出位置”，制定具体方案，明确责任分工，防止任务落空，坚决克服“规划规划、墙上挂挂”，“规划是一套、做起来是另一套”的现象。

2.“抓落实首先要抓责任落实”

干事业不能做样子，必须脚踏实地，抓工作落实。党中央作出的各项决策部署，领导干部在抓落实的时候，要有时间表，要有责任清单，一项一项抓落实，以多种形式督促检查，这样才能指导和帮助各地区各部门分解任务、落实责任。党的十八大以来，加强和改善党对“三农”工作的领导、决战决胜脱贫攻坚、打赢新冠病毒感染疫情防控阻击战等重大工作中，习近平总书记都明确强调各级领导干部要抓责任落实，以上率下、真抓实干，特别是主要领导干部，既要带领大家一起定好盘子、理清路子、开对方子，又要做到重要任务亲自部署、关键环节亲自把关、落实情况亲自督查，不能高高在上、凌空蹈虚，不能只挂帅不出征。在加强和改善党对“三农”工作的领导上，习近平总书记指出，要建立实施乡村振兴战略领导责任制，实行中央统筹、省负总责、市县抓落实的工作机制。在统筹推进新冠病毒感染疫情防控和经济社会发展工作的领导中，习近平总书记指出，各级党组织要认真履行领导责任，特别是抓落实的职责，把党中央各项决策部署抓实抓细抓落地，让党旗在疫情防控斗争第一线高高飘扬。

实践证明，“抓工作，要有雄心壮志，更要有科学态度”。特别是在打赢脱贫攻坚这场硬仗中，习近平总书记强调，脱贫攻坚突出实的导向、严的规矩，不搞花拳绣腿，不搞繁文缛节，不做表面文章。凡是有脱贫攻坚任务的党委和政府，都必须倒排工期、落实责任，抓紧施工、强力推进。为把这些要求落到实处，要层层签订脱贫攻坚责任书、立下军令状。有脱贫任务的省区市，要根据实际情况作出相应安排，“层层压实责任，级级传导压力”。打赢脱贫攻坚战不是搞运动、一阵风，要真扶贫、扶真贫、真脱贫。要经得起历史检验。攻坚战就要用攻坚战的办法打，关键在准、实两个字。只有打得准，发出的力才能到位；只有干得实，打得准才能有力有效。为此，要做到“四个实”：领导工作要实，做到谋划实、推进实、作风实，求真务实，真抓实干；任务责任要实，做到分工实、责任实、追责实，分工明确，责任明确，履责激励，失责追究；资金保障要实，做到投入实、资金实、到位实，精打细算，用活用好，用在关键，用出效益；督查验收要实，做到制度实、规则实、监督实，加强检查，严格验收，既不拖延，也不虚报。(1)

3.“以钉钉子精神做实做细做好各项工作”

习近平总书记明确指出，增强狠抓落实本领，坚持说实话、谋实事、出实招、求实效，把雷厉风行和久久为功有机结合起来，勇于攻坚克难，“以钉钉子精神做实做细做好各项工作”。在 2020 年秋季学期中共中央党校（国家行政学院）中青年干部培训班开班式的讲话中，习近平总书记再次强调，“干事业就要有钉钉子精神”，抓铁有痕、踏石留印，稳扎稳打向前走，过了一山再登一峰，跨过一沟再越一壑，不断通过化解难题开创工作新局面。其实，早在主政浙江工作期间，习近平就强调

（1） 参见《习近平关于社会主义经济建设论述摘编》，中央文献出版社 2017 年版，第 234 页。

抓落实就好比在墙上敲钉子：钉不到点上，钉子要打歪；钉到了点上，只钉一两下，钉子会掉下来；钉个三四下，过不久钉子仍然会松动；只有连钉七八下，这颗钉子才能牢固。实践证明，首先，抓落实要抓到点上、以点带面。要盯住事关全局的重点工作，把力量凝聚到点上，着力解决涉及全局的突出问题，以点带面，推动全局，避免“撒胡椒面”式地这里抓一下，那里敲一点，浅尝辄止、朝三暮四。其次，抓落实要一抓到底，常抓不懈，要一步一个脚印，步步为营，有板有眼，深入而持续地抓好落实，而不能满足于会议开过了，文件发过了，嘴上讲过了。同时，抓落实还要结合实际，因地制宜。“这就好比敲钉子也不能光凭着一股蛮力，逢墙乱钉，碰到容易脱落或者开裂的墙面时，还要想办法修补墙面，打好敲钉子的基础。”最后，抓落实还要根据本地本单位的实际加以贯彻落实，而不是依葫芦画瓢、搞照搬照套。总之，抓落实，就要有“咬定青山不放松”的韧劲、不达目的不罢休的狠劲，真正把各项工作落到实处、抓出实效。[1]

4.“关键要抓好落实”

“为政之道，贵在实干。”2011 年 3 月，时任中共中央党校校长的习近平在中共中央党校春季学期开学典礼上专门发表了《关键在于落实》的重要讲话。在讲话中，他多次强调要抓落实，指出：“现在的关键就在于落实。”“抓落实，是我们党执政能力的重要展现，也是对各级领导干部工作能力的重要检验。”“抓落实，是把决策变为人们的实践行动、由认识世界到改造世界的过程，无疑需要克服主观和客观上的诸多障碍，需要付出艰辛的努力。”“抓落实能不能知难而进、锲而不舍，对

（1） 参见习近平:《之江新语》，浙江人民出版社 2007 年版，第 241—242 页。

领导干部的原则立场是一个现实的考验。”[1]进入新时代，习近平总书记多次强调“关键要抓好落实”。2014 年 12 月，他在全国党委秘书长会议召开前作出重要批示：“崇尚实干、狠抓落实是我反复强调的。如果不沉下心来抓落实，再好的目标、再好的蓝图，也只是镜中花、水中月。党的十八大以来，党委办公厅系统为落实中央决策部署做了大量工作，发挥了重要作用，这次全国党委秘书长会议又专题研究抓落实问题。希望各级党委办公厅（室）更好地发挥基本职能作用，投入更大的力量、采取更加有力的措施推动中央精神的贯彻落实，确保中央政令畅通、决策落地生根。”2016 年 7 月 18 日，习近平总书记在宁夏泾源县大湾乡杨岭村看望父老乡亲、实地考察精准扶贫情况时，明确表示，“关键要抓好落实，我就是来看落实情况的”。

求真务实，真抓实干，才能真正干出有益于党和人民事业发展的实事，真正建立经得起历史检验的实绩。在主政浙江期间，习近平赞赏这样的“务实之人”，认为务实之人一般都是愿听真话、敢讲真话、勇于负责、善抓落实之人。他强调，领导干部就要做这样的务实之人。务实之于工作，就是要抓好各项任务的落实。在落实的认识上，要讲求一个“深”字。落实要深入，认识先深化。在落实的要求上，要讲求一个“新”字。落实工作不能照抄照搬。要把上级精神与本地实际结合起来，把对上负责与对下负责结合起来，创造性地开展工作，努力在结合中出思路、出特色、出成效。在落实的步骤上，要讲求一个“韧”字。要有一股韧劲，持之以恒抓落实，一项一项地督促，一件一件地落实，一年一年地见效。在落实的举措上，要讲求一个“实”字。[2]

（1）习近平：《关键在于落实》，《学习时报》2011 年 3 月 15 日。
（2）参见习近平：《之江新语》，浙江人民出版社 2007 年版，第 240 页。

2018 年 2 月 12 日，在打好精准脱贫攻坚战座谈会上的讲话中，习近平总书记强调，在中国特色脱贫攻坚制度体系中，我们加强党对脱贫攻坚工作的全面领导，建立各负其责、各司其职的责任体系，“根本的是中央统筹、省负总责、市县抓落实的管理体制”，从中央到地方逐级签订责任书，明确目标，增强责任，强化落实。这些制度成果，为全球减贫事业贡献了中国智慧和中国方案。(1) 2019 年 12 月底，在中共中央政治局“不忘初心、牢记使命”专题民主生活会上，习近平总书记强调，“要把抓落实作为开展工作的主要方式”，动脑子、想办法，拿出真招实招来，切实把党中央决策部署的各项任务一项一项抓好。特别是要发扬斗争精神，敢于面对困难，敢于攻坚克难。2020 年 1 月 8 日，在“不忘初心、牢记使命”主题教育总结大会上的讲话中，习近平总书记强调，我们党把“守初心、担使命，找差距、抓落实”作为主题教育的总要求，强调“整改落实围绕主题、主线、总要求真改实改，克服学做脱节问题，确保了党内集中教育不走神”。

在制度问题上，习近平总书记强调，“制定制度很重要，更重要的是抓落实”(2)。如果不抓落实，只是写在纸上、贴在墙上、锁在抽屉里，制度就会成为稻草人。在改革问题上，习近平总书记指出，容易的、皆大欢喜的改革已经完成了，好吃的肉都吃掉了，剩下的都是难啃的硬骨头。(3) 改革推进到今天，比认识更重要的是决心，比方法更关键的是担当。“改革重在落实，也难在落实。”领导干部要把抓改革作为一项重大

(1) 参见习近平：《在打好精准扶贫攻坚战座谈会上的讲话》(2018 年 2 月 12 日)，《求是》2020 年第 9 期。

(2)《习近平关于党风廉政建设和反腐败斗争论述摘编》，中国方正出版社、中央文献出版社 2015 年版，第 129 页。

(3) 参见《习近平关于全面深化改革论述摘编》，中央文献出版社 2014 年版，第 51 页。

政治责任，争当改革促进派、实干家。拥护改革、支持改革、敢于担当的就是促进派，把改革抓在手上、落到实处、干出成效的就是实干家。改革要聚焦、聚神、聚力抓落实，做到紧之又紧、细之又细、实之又实。这些重要论述，是新时代领导干部狠抓工作落实、提高抓落实能力的行动指南和方向指引，必须在能力塑造中加以贯彻落实。

·案例链接·

湖北大冶：

干字当头提质效，一以贯之抓落实

一分部署，九分落实，如何把蓝图变为现实、把愿景变为实景，关键是落实、落实、再落实。抓落实，就是要坚持干字当头，湖北省大冶市广大党员干部要发扬冲劲带头干、保持韧劲坚持干、会用巧劲创新干、激发拼劲齐心干，不断提高工作质效，奋力开创发展新局面。

坚持干字当头，狠抓落实，要常怀忧患意识，真下功下真功。近年来，大冶经济社会发展取得了诸多成就，全国县域经济百强九年九进位，全国文明城市、国家卫生城市金字招牌到手，但如果安于“躺在功劳簿上睡大觉”，不愿向更高层次目标努力，终究会落后于时代发展浪潮。成绩属于过去，奋进正当其时，要真出实招、不“作秀”，真做实功、不行虚事，真抓落实、不搞形式，以钉钉子精神，清单化、工程化、责任化、节点化开展各项工作，干一件就成一件，一件接着一件干，拿出水滴石穿的毅力，做到以真功真招换来实绩实效，让我们的各项工作业绩经得起实践、人民、历史的检验。

坚持干字当头，狠抓落实，要勇担当戒推诿，提效率戒慢梗。一些问题往往就是耽误出来的，遇事躲藏，推脱责任，回避矛盾，回避问题，"两腿不插泥"，再高的水平、再强的能力也解决不了问题，也得不到群众的认可。党员干部，特别是领导干部要敢于担当、勇于负责、尽职尽责、用心用力、一抓到底，坚决摒弃懒政怠政、得过且过、糊弄应付的思想，只为成功想办法，不为失败找理由。要进一步转变工作作风，牢固树立"该办的事马上办，今天的事今天办，能快办的不慢办"意识，以"时不我待、只争朝夕"的紧迫感，推动各项工作更快更好落实落地。

坚持干字当头，狠抓落实，要保持钻研劲头，锤炼过硬本领。改革发展一刻不能停滞，能力提升一刻不能放松。立足新发展阶段、贯彻新发展理念、构建新发展格局，对每一名干部的能力提出了新的考验。习近平总书记强调，"领导干部不仅要有担当的宽肩膀，还得有成事的真本领"。党员干部要把心思和精力用到钻研业务、拼搏进取上来，切实增强"八项本领"、提高"七种能力"，不断提高驾驭复杂局面、解决实际问题的能力，当好各行各业、各个领域的顶梁柱。

坚持干字当头，狠抓落实，要树立鲜明导向，营造良好氛围。事业兴衰，唯在用人；用人之要，重在导向。正确的用人导向，是对干部最大的激励，是营造担当作为、干事创业良好氛围的关键。如果干部存在"干多干少差别不明显""多干多错、少干少错、不干不错""为了不出事、宁愿不干事"等错误想法、消极心理，定会极大阻碍我们改革创新谋发展的步伐。要坚持严管和厚爱结合、激励和约束并重，完善干部考核评价机制，建立激励机制和容错纠错机制，旗帜鲜明为那些敢于担当、踏实做事、不谋私利的干部撑腰鼓劲。

（摘编自云上大冶 2021 年 8 月 25 日）

案例分析

“为政之道，贵在实干。”进入新时代，习近平总书记多次强调“关键要抓好落实”。湖北大冶以干字当头提质效，一以贯之抓落实。用实干将蓝图变为现实、把愿景变为实景。大冶常怀忧患意识，真下功下真功。不安于取得的成绩，向着更高层次的目标努力，以真功真招换来实绩实效。勇担当戒推诿，提效率戒慢梗。以“时不我待、只争朝夕”的紧迫感，推动各项工作更快更好落实落地。树立鲜明导向，营造良好氛围，完善干部考核评价机制，建立激励机制和容错纠错机制，为敢于担当、踏实做事、不谋私利的干部撑腰鼓劲。只有求真务实，真抓实干，才能真正干出有益于党和人民事业发展的实事，真正建立经得起历史检验的实绩。

第九章

坚持正确选人用人导向，把好干部标准落到实处

·政策背景·

习近平总书记反复强调，把党和人民需要的好干部精心培养起来、及时发现出来、合理使用起来。好干部的标准具体来讲，可以从信念坚定、为民服务、勤政务实、敢于担当、清正廉洁5个方面来理解。这些标准既是党的事业的需要、人民群众的期待，也是对全体干部的要求。

信念坚定。理想信念坚定，是好干部第一位的标准。能否完成党和国家各项工作，既要看全党在理想信念上是否坚定不移，更要看每一位党员干部在理想信念上是否坚定不移。党的干部必须坚定共产主义远大理想，真诚信仰马克思主义，矢志不渝为中国特色社会主义而奋斗，坚持党的基本理论、基本路线、基本方略不动摇。

为民服务。全心全意为人民服务，是我们党一切行动的根本出发点和落脚点，是我们党区别于其他一切政党的根本标志。党的干部必须做人民公仆，忠诚于人民，以人民忧乐为忧乐，以人民甘苦为甘苦，全心全意为人民服务。

勤政务实。共产党人首先是实干家。党的干部必须勤勉敬业、求真务实、真抓实干、精益求精，以“不破楼兰终不还”的信念，以“拼命三郎”的干劲，创造出经得起实践、历史、人民检验的实绩。

敢于担当。坚持原则、敢于担当是党的干部必须具备的基本素质。党的干部必须坚持原则、认真负责，面对大是大非敢于亮剑，面对矛盾敢于迎难而上，面对危机敢于挺身而出，面对失误敢于承担责任，面对歪风邪气敢于坚决斗争。

清正廉洁。反对腐败、建设廉洁政治，保持党的肌体健康，是我们建党伊始就坚持的鲜明政治立场。党的干部必须敬畏权力、管好权力、慎用权力，守住自己的政治生命，保持拒腐蚀、永不沾的政治本色。

·实践探索·

2018 年 5 月 20 日，中共中央办公厅印发的《关于进一步激励广大干部新时代新担当新作为的意见》提出，要鲜明树立重实干重实绩的用人导向。坚持好干部标准，突出信念过硬、政治过硬、责任过硬、能力过硬、作风过硬，大力选拔敢于负责、勇于担当、善于作为、实绩突出的干部。新时代赋予新使命，新使命需要好干部。党的干部是党和国家事业的中坚力量，是党和国家路线方针政策的贯彻执行者，是社会主义现代化建设的领路人，是引领人民创造美好幸福生活的带头人。可以说，事业兴衰，唯在用人；用人之要，唯在导向。有什么样的用人导向，造就什么样的干部队伍。用好一个干部，就等于树立起一面旗帜，可以激励更多的干部奋发进取；错提或误用一个干部，不但会挫伤更多干部的积极性，而且会助长不正之风的蔓延。标准就是指针，导向就是旗帜。让新时代广大干部在中国特色社会主义实践中敢于担当、勇于担当，就要把重实干重实绩的用人导向树起来，就必须旗帜鲜明地把好干部的标准亮出来，才能有效地引导广大干部把心思和精力凝聚到干事创业上来。

一、习近平总书记心中的好干部标准是什么样

我们党历来高度重视选贤任能，始终把选人用人作为关系党和人民事业的关键性、根本性问题来抓。习近平总书记一直高度重视好干部的标准。例如，在2013年全国组织工作会议上，习近平总书记强调："好干部要做到信念坚定、为民服务、勤政务实、敢于担当、清正廉洁。"2014年3月9日，习近平总书记在参加十二届全国人大二次会议安徽代表团审议时，对各级领导干部提出了"既严以修身、严以用权、严以律己，又谋事要实、创业要实、做人要实"的"三严三实"要求；2015年1月12日，习近平总书记在同中共中央党校第一期县委书记研修班学员进行座谈时提出"四有"领导干部，即心中有党、心中有民、心中有责、心中有戒；等等。党的十九大报告指出："要坚持党管干部原则，坚持德才兼备、以德为先，坚持五湖四海、任人唯贤，坚持事业为上、公道正派，把好干部标准落到实处。"党的二十大报告强调，把新时代好干部标准落到实处。但从总体上看，坚持好干部标准，就是要突出信念过硬、政治过硬、责任过硬、能力过硬、作风过硬。

第一，信念过硬。习近平总书记多次强调："理想信念坚定，骨头就硬，没有理想信念，或理想信念不坚定，精神上就会'缺钙'，就会得'软骨病'。"中国共产党的理想信念之所以重要，在于它是共产党人的灵魂和特质，是共产党人的精气神。中国共产党人的理想信念，是马克思主义的世界观、人生观、价值观在奋斗目标上的具体体现，是共产

党人崇高政治信仰的体现。这种理想信念，体现了崇高性与现实性、科学性与阶级性的有机统一；关系着党组织的凝聚力、战斗力，关系着党的执政能力。正是有了这种理想信念，共产党人的行动才有了精神动力和思想支撑。方志敏在加入中国共产党之初，就成为一名共产主义的笃诚信仰者，全身心地投入革命运动。他曾坚定地表示："从此，我的一切，直至我的生命都交给党去了！"他深刻认同共产主义，"因为我们信仰的主义，乃是宇宙的真理"。大革命失败后，面对国民党的血腥屠杀，他毫不畏惧地说，"我是一个马克思主义的笃诚信仰者，大革命虽遭失败，但我毫无悲观失望的情绪"。随后，他秘密潜回家乡动员带领劳苦大众发动漆工暴动、弋横起义，亲手创建了赣东北革命根据地和红十军。生死关头他坚守信仰，"敌人只能砍下我们的头颅，决不能动摇我们的信仰"，面对威逼利诱，他铮铮铁骨，即使到了生命最后一刻，依然为理想放歌：未来中国"到处都是活跃跃的创造，到处都是日新月异的进步"。然而，在改革发展的新背景、新形势、新目标、新任务下，"有些党员和党的领导干部在市场经济大潮中晕晕乎乎、头脑发热，不能正确认识价值问题，不能正确对待个人利益，导致精神支柱坍塌、人生方向迷失，有的甚至守不住党纪国法的底线，最终走向腐败堕落"。面对理想信念方面存在的现实问题，习近平总书记反复强调："理想信念是共产党人的精神之'钙'，必须加强思想政治建设，解决好世界观、人生观、价值观这个'总开关'问题。"[1] 肩负新使命、踏上新征程，心中有信仰，脚下有力量。

（1）《习近平关于党的群众路线教育实践活动论述摘编》，党建读物出版社、中央文献出版社 2014 年版，第 40 页。

第二，政治过硬。中国共产党是一个马克思主义政党，共产党员的政治素质是党员最基本的素质，政治素质中政治立场坚定是对党员最起码的要求。一个党员的政治立场就是承认党的纲领、章程，履行党员义务，严守党的纪律，自觉地同党中央保持高度一致，坚决贯彻执行党的路线方针政策和各项决策部署。但是在现实中党员干部中存在着一些没有政治立场的表现：个别党员干部就是因为政治立场动摇，而不够坚决地执行党的路线方针政策。例如，有的党员干部对党中央的决策部署的态度随意，符合自己心意的就执行，不符合心意的就不执行；有的干部采取两面派的方式，“上有政策，下有对策”“表面一套，背后一套”，有令不行，有禁不止；有的党员公然发表与党中央精神相悖的言论，甚至作出党中央明令禁止的行为。又如，有的党员遇事时借口在前、冲锋在后，首先替自己考虑，找借口找理由，从个人利益出发，不把百姓利益放在重要位置，甚至不惜牺牲人民的利益，完全沦为个人主义者，丧失了共产党员的正确立场，完全忘记了毛泽东在《论联合政府》中指出的：“我们共产党人区别于其他任何政党的又一个显著的标志，就是和最广大的人民群众取得最密切的联系。全心全意地为人民服务，一刻也不脱离群众；一切从人民的利益出发，而不是从个人或小集团的利益出发；向人民负责和向党的领导机关负责的一致性；这些就是我们的出发点。”(1)

第三，责任过硬。2014 年 2 月 7 日，习近平主席在俄罗斯索契接受俄罗斯电视台专访时指出：“我的执政理念，概括起来说就是：为人民服务，担当起该担当的责任。”他以浓厚的为民情怀、强烈的责任意

(1)《毛泽东选集》第三卷，人民出版社 1991 年版，第 1095 页。

识，为各级干部作出了示范。知责任者，大丈夫之始也；行责任者，大丈夫之终也。领导干部身先士卒、带头垂范，勤勉履职、扎实尽责，才能带动广大党员干部队伍坚守职责、不辱使命。任何一项伟大的事业，从来不是一蹴而就的。肩负新使命、踏上新征程，也只有切实做到“责任过硬”，才能锻造更多勇于担当的宽厚肩膀，从而不断激荡新气象、成就新作为，肩负起民族复兴的历史重任。“责任重于泰山”。“七一勋章”获得者、“时代楷模”黄文秀用生命诠释了一名共产党员应有的价值追求和责任担当。2018 年 3 月，黄文秀到广西壮族自治区百色市乐业县新化镇百坭村担任驻村第一书记，她兢兢业业、任劳任怨，经常加班加点。为了让百坭村早日脱贫，她舍小家为大家，家人患重病住院动手术，她没能时时在身边照顾，村里大小事务却总能找到她坚毅的身影。2019 年 6 月中旬，一场持续多天的暴雨冲毁了百坭村部分灌溉渠，导致培育好的水稻秧苗无法移种进稻田里。在种植季，时间无比重要，要想不误农时，就要与暴雨斗争，黄文秀的内心十分焦急。6 月 14 日，黄文秀和村里其他党员干部分头勘察，最终确定了灌溉渠的损毁状况和维修所需的费用。经大家商量后决定下周一向领导详细汇报，以尽早解决问题。6 月 16 日，黄文秀顾不上越下越大的暴雨，也顾不上为身患重病的父亲过父亲节，决定连夜赶回百坭村，她心里牵挂着村里群众的生命财产安全。晚上 11 点，天色越来越暗，暴雨越下越大，山路越来越泥泞，突发的山洪将通往乐业县的山路淹没了。前方的山路大面积积水，黄文秀进退两难。但是，她毅然决然地选择了继续前行，百坭村的村民们还在等她，百坭村还需要她的守护。不幸的是，在途经凌云县时她遭遇了山洪，与家人失去联系。18 日，搜救人员在下游河道中发现了黄文秀的遗体，她不幸牺牲了。[1]不惧一切困难挑战，把使命放在心上，把责任扛在肩上，正是一代代共产党人传承赓续的精神品格，也是我们这支队伍特别能战斗的力量所在。作为新时代的领导干部，必须做到责任过硬，树立正确政绩观，发扬求真务实、真抓实干的作风，以钉钉子精神担当尽责，真正做到对历史和人民负责。将每项工作落到实处，久久为功、持之以恒，才能绘就蓝图。

第四，能力过硬。历史车轮滚滚向前，时代潮流浩浩荡荡。历史只会眷顾坚定者、奋进者、搏击者，而不会等待犹豫者、懈怠者、畏难者。领导 14 亿多人的社会主义大国，我们党既要政治过硬，也要本领高强。尤其是领导干部不仅要有担当的宽肩膀，还得有成事的真本领。在新进中央委员会的委员、候补委员和省部级主要领导干部学习贯彻习近平新时代中国特色社会主义思想和党的十九大精神研讨班开班式上，习近平总书记对新进中央委员会的委员、候补委员和省部级主要领导干部提出“必须做到能力过硬”。进入新时代，必须认识到，我国社会主要矛盾的变化，没有改变我们对我国社会主义所处历史阶段的判断，我国仍处于并将长期处于社会主义初级阶段的基本国情没有变，我国是世界最大发展中国家的国际地位没有变。我们还需要攻克一个又一个看似不可攻克的难关，需要应对发展起来后不断出现的各种新问题，只有不断掌握新知识、熟悉新领域、开拓新视野，才能解决好这一系列问题，才能更好地为人民群众服务，才能肩负起新时代的历史使命。

第五，作风过硬。习近平总书记指出，作风问题本质上是党性问

（1） 参见《记驻村第一书记黄文秀：两万五千公里扶贫路是她的“长征”》，中国网 2021 年 5 月 28 日。

题。要下大决心改进作风，切实解决群众反映强烈的问题，始终保持同人民群众的血肉联系。曾担任广东省海丰县委书记的王某，是改革开放后第一个因贪污腐败被枪毙的县委书记，王某案也被称为中国“改革开放反腐第一案”。由于特殊的地理位置，海丰县在港澳谋生的人多达 30 万。改革开放以后，从港澳回来探亲和申请去港澳的人日益增多。为了能够早日去香港探亲，1979 年秋，当地一名广播员给王某家送了一台 17 英寸黑白电视机，这是王某第一次受贿。然而，欲望的堤坝一旦打开，便会一发不可收。尝到甜头的王某，胆子越来越大，开始大量收受、索取港商的电视机、收录机、电冰箱等物品，甚至将缉私的物资运回自己家中，然后再转手倒卖。1979 年下半年至 1981 年 8 月，王某侵吞缉私物资、受贿索贿的总金额达 6.9 万余元。当年的海丰，许多乡镇的党组织成为走私犯的指挥部，与王某案一起立案审查的 159 起案件中涉及 316 人，党员竟占 60% 以上。海丰县的案例深刻说明，一个地方的风气怎么样，关键在干部、在领导，在那里的党风。党风正、民风正、人心齐，经济建设的发展才有保证和依靠。(1) 改进工作作风，就是要净化政治生态，营造廉洁从政的良好环境。要坚定不移反对腐败，切实做到踏石留印、抓铁有痕，不断以反腐败斗争的新进展新成效取信于民。

二、在选人用人导向方面要突出什么标准

党的二十大报告强调，坚持把政治标准放在首位，做深做实干部政

（1） 参见石艳红、侯逸宁：《改革开放以来——一手抓改革开放，一手抓惩治腐败》，《中国纪检监察》2019 年第 19 期。

治素质考察，突出把好政治关、廉洁关。这一要求，体现了组织路线为政治路线服务的根本原则，凸显了干部工作的政治定位，具有鲜明导向性和现实针对性。

政治标准是干部选拔第一标准。政治合格，既是新时代我们党选拔干部的第一标准和首要条件，也是党员干部必备的政治素养。更进一步讲，政治关是第一关，政治上合格，是我们党选拔党员干部的第一环节和关键步骤。政治标准是对党员领导干部提出的底线要求，是党员领导干部的立身之本，是选人用人的首要考察标准、“一票否决”标准。

中国共产党选拔干部历来坚持政治标准。1929 年 6 月，党的六届二中全会提出要以“政治认识、纪律性及对工人阶级利益的牺牲性”为主要标准选拔干部；全面建设社会主义时期，党坚持任人唯贤的干部路线，进一步提出了“又红又专”的标准。1979 年 7 月，邓小平在青岛接见出席海军常委扩大会议全体人员时指出：“选干部，标准有好多条，主要是两条，一条是拥护三中全会的政治路线和思想路线，一条是讲党性，不搞派性。”虽然在不同时期我们党选拔干部的标准有不同的表述方式和时代内涵，但最根本的一点就是始终把政治标准摆在首位。突出政治标准，在当前有着特别重要的意义，是进一步树立正确选人用人导向、建设高素质执政骨干队伍、夺取新时代中国特色社会主义伟大胜利的迫切需要。

当前，中国特色社会主义进入新时代，更需要全党旗帜鲜明讲政治，强化党的政治建设的统领地位，把党的政治建设作为党的根本性建设来抓，更需要建设一支政治过硬、堪当重任的优秀干部队伍。做到这一点，关键是抓好选人用人这个源头和风向标，把紧把严政治标准这个硬杠杠，真正把党和人民需要的好干部选出来、用起来。突出政治标准选拔干部，需要全方位、立体化、多维度考察干部。要多方面听取民意，锁定干部的工作圈、生活圈、社交圈，通过谈心谈话、调研走访、函询电话等形式，全面了解干部的所言所行；要近距离接触了解，从干部在日常工作中的作风状态、在困难问题前的思想想法、在服务群众时的基本态度等多方面了解干部，既要听其言，更要观其行，切实把干部考准考实，突出政治标准，选出让组织放心、群众满意、干部服气的好干部，不断强化干部队伍政治素养、优化干部队伍结构，为中华民族伟大复兴提供强大的人力支撑。[(1)]突出政治标准选拔干部，要从以下几个方面重点把握。

第一，看政治忠诚。对党忠诚，是党员干部的首要政治品质和政治生命线。如果这一条不过关，其他都不过关。对党忠诚，不是有条件的而是无条件的，不是抽象的而是具体的，必须体现到对党的信仰、党的组织、党的事业的忠诚上。最重要的就是要把党放在心中最高位置，牢固树立中国共产党领导是中国特色社会主义最本质特征和中国特色社会主义制度最大优势、党是最高政治领导力量的观点，坚持党对一切工作的领导。大力选拔那些全面贯彻执行党的路线方针政策，坚决贯彻党中央决策部署，坚持“四个服从”，始终与以习近平同志为核心的党中央对标看齐、保持高度一致的干部。

第二，看政治定力。政治定力中最根本、最紧要的是理想信念的坚定性。对马克思主义的信仰，对社会主义和共产主义的信念，是共产党人的政治灵魂，是共产党人经受住任何考验的精神支柱。在当今世界风云变幻、当代中国深刻变革、社会思想多元多变的背景下，党员干部只

（1） 参见陈书:《政治标准是干部选拔第一标准》，人民网 2017 年 11 月 7 日。

有坚定“四个自信”，才能不为任何风险所惧，不为任何干扰所惑，保持战略定力和前进动力，自觉成为共产主义远大理想和中国特色社会主义共同理想的坚定信仰者和忠实践行者。

第三，看政治担当，看是否坚持原则、敢于斗争。政治上敢不敢担当、能不能担当、有没有担当，最能检验党员干部的政治操守、政治品格。今天，我们比历史上任何时期都更接近、更有信心和能力实现中华民族伟大复兴的目标，这既意味着我们已经积累起促成质变的历史性成果，也意味着我们到了最艰巨的攻坚阶段，不可避免地会遇到许多重大挑战、重大风险、重大阻力、重大矛盾。面对敌对势力加紧对我国实施西化、分化战略，面对意识形态领域的尖锐较量，面对激烈的国际政治斗争，面对艰巨繁重的改革发展稳定任务，等等，都需要广大党员干部强化政治担当、增强斗争精神，敢于亮剑、敢于碰硬、敢于攻坚、敢战能胜。

第四，看政治能力，看是否善于从政治上观察和处理问题。习近平总书记多次强调，领导干部要注意加强政治历练，积累政治经验，使自己的政治能力与担任的领导职责相匹配。政治能力的内涵很丰富，最核心的是把握方向、把握大势、把握全局的能力，保持政治定力、驾驭政治局面、防范政治风险的能力。应当看到，不少领导干部在这些方面还有许多不适应、不符合的地方。比如，有的马克思主义理论功底不深，不善于从政治上看问题，把政治和经济、政治和技术、政治和业务割裂开来甚至对立起来。因此，政治能力绝不是可有可无的软性指标，而是对领导干部的刚性要求。突出政治标准选拔干部，必须把好这一关，对政治能力不足的不能轻易放行，否则就可能耽误党和人民事业的发展。

第五，看政治自律，看是否严格遵守党的政治纪律和政治规矩。对那些视政治纪律和政治规矩为儿戏，我行我素、无所顾忌，违反“五个必须”要求、搞“七个有之”等活动的干部，实行“一票否决”，不但不能提拔，还要严肃处理，使政治纪律和政治规矩真正成为“带电的高压线”。(1)

“忠诚、干净、担当”是习近平总书记对每一名党员干部的谆谆教诲和殷切嘱托。忠诚是为政之魂，没有对党的绝对忠诚，就会丢了“魂”，工作就会失去方向，就会经不起大风大浪的考验。干净是立身之本。为政清廉是党的性质的根本体现，是我们党赢得民心的重要法宝。担当是成事之要。有多大担当才能干多大事业，尽多大责任才会有多大成就。“对党忠诚、个人干净、敢于担当”体现了做人做事做官的高度统一：对党忠诚是党员干部的政治品格；个人干净是党员干部做人的底线；敢于担当是党员干部为官的职业素质。这三句话实质上是党员干部安身立命、做人做官做事的“三要素”，缺一不可。这三句话既朴素又简洁，既好记又易懂，既有现实性又有针对性，要求明确、掷地有声。“对党忠诚、个人干净、敢于担当”是辩证统一的整体，涵盖了政治建设、思想建设、业务建设、作风建设、品德建设等各个方面，更加突出了对党员干部的政治品格要求、党性修养要求和职业素质要求，是对新时期好干部标准的丰富和发展，是对政治标准的具体体现。忠诚、干净、担当是领导干部的核心素养，要把它们当作“座右铭”，同时倍加珍惜组织提供的干事平台，倍加珍视人民寄予的深切期望，奋发有为、真抓实干，努力书写中国特色社会主义建设的崭新篇章。

（1） 参见陈希：《培养选拔干部必须突出政治标准》，《人民日报》2017 年 11 月 16 日。

三、如何为担当作为的党员干部撑腰鼓劲

当前，我们的改革已经进入深水期，经济发展的任务也异常艰巨，党的各级组织都需要大力弘扬“担当精神”，认真履行职责，带领广大党员群众大刀阔斧、扬鞭奋蹄，奋力推进改革发展的各项工作。各级党组织更要为党员干部撑腰鼓劲，这样他们才能放开手脚。的确，为担当者担当，敢于担当的干部才能繁星璀璨；为负责者负责，敢于负责的干部才能勇往直前，才能坚定广大党员干部锐意改革创新的信心和决心。

1. 建立健全容错纠错机制

党的十八大以来，以习近平同志为核心的党中央在治国理政方面提出了一系列新理念新思想新战略。2015 年 10 月 13 日，习近平总书记在中央全面深化改革领导小组第十七次会议上强调，“要完善考核评价和激励机制，既鼓励创新、表扬先进，也允许试错、宽容失败，营造想改革、谋改革、善改革的浓郁氛围”；2016 年 1 月 18 日，习近平总书记在省部级主要领导干部学习贯彻党的十八届五中全会精神专题研讨班上提出“三个区分开来”要求，进一步明确了容错认定的总原则：把干部在推进改革中因缺乏经验、先行先试出现的失误和错误，同明知故犯的违纪违法行为区分开来；把上级尚无明确限制的探索性试验中的失误和错误，同明令禁止后依然我行我素的违纪违法行为区分开来；把为推动发展的无意过失，同为谋取私利的违纪违法行为区分开来。党的十八届六中全会提出，“建立容错纠错机制，宽容干部在工作中特别是改革创新中的失误”。

健全激励机制和容错纠错机制，是为了给改革创新者撑腰鼓劲，让广大干部愿干事、敢干事、能干成事，营造的是一种干事氛围。进入新

发展阶段，全面深化改革进入啃“硬骨头”的关键时期，要干成一件事，成就一番事业，失误往往在所难免。如果害怕失误，就可能一事无成。有人说不干事，就不会犯错误，而占着位子不干事本身就是最大的错误。有了容错纠错机制，广大党员干部就可以放开手脚，放心大胆地去尝试、去探索、去干事。即使出现了这样那样的问题，只要不是主观上的恣意妄为、拍脑袋决策，就能得到应有的宽容、允准和纠正，这无疑给“主动作为、善谋勇为”的实干家和创新者吃下了“定心丸”，必将推动全社会进一步形成想改革、敢改革、善改革的良好风气和愿干事、敢干事、能干成事的强大势场。

构建科学有效的容错机制，重点和难点在于厘清边界、细化标准、设定底线。只有明确规定哪些错误可以免责、哪些错误必须追责，才能为改革者提供清晰的行动准则和稳定的心理预期。容错机制不是简单地宽容错误，它还隐含着少犯错误、纠正错误的功能。构建容错纠错机制，出发点是为干部排除阻力、消除顾虑，落脚点则是激励干部冲锋陷阵、敢于亮剑。“容错”体现的是制度弹性，但它仍然在制度框架之内。建立容错纠错机制，应恪守道德底线、法律红线和党纪高压线。显然这里的“容错”，属于改革先行先试出现的失误和错误，属于探索性试验中的失误和错误，属于为推动发展的无意过失。而对胡乱作为的错误，对我行我素的错误，尤其是对方向性、颠覆性的错误，要坚决否定。要结合工作实际，构建科学有效的容错纠错机制，让干部既消除顾虑敢作为、愿作为，又严格遵纪守法、不乱为。

2. 切实发挥容错纠错机制作用

各级党委（党组）及纪检监察机关、组织部门等相关职能部门，要妥善把握事业为上、实事求是、依纪依法、容纠并举等原则，结合动机态度、客观条件、程序方法、性质程度、后果影响以及挽回损失等情况，对干部的失误和错误进行综合分析，对该容的大胆容错，不该容的坚决不容。对给予容错的干部，考核考察要客观评价，选拔任用要公正合理。健全容错纠错机制“容错免责”与全面从严治党“失责必究”并不矛盾，关键是要严格区分“犯错”与“违纪”、“主观无意”与“明知故犯”、“大胆改革”与“无视规矩”的界限，既不能让探索改革的“领头羊”成为改革失误的“替罪羊”，也不能让一些假改革之名、行谋私之实的人暗度陈仓。

要以事实为依据，以制度为准绳，对党员干部确实因在工作中改革创新、推进发展、想方设法、不谋私利，出现了工作失误或者无意过失，组织应当实事求是、客观公正地放在问题当时发生的工作环境中去分析研究、换位思考，作出让干部心服口服的处理意见，尽量给予减轻或免除相关责任。要准确把握容错的度，不能跨过可容的界限，否则，过度容错就会变成纵错。如果容错免责的门槛设定太过抽象和宽松，容错机制很可能变成一个筐，成为某些有过错官员免责的“挡箭牌”。要准确把握政策界限，对违纪违法行为必须严肃查处，防止混淆问题性质、拿容错当“保护伞”，搞纪律“松绑”，确保容错在纪律红线、法律底线内进行。坚持有错必纠、有过必改，对苗头性、倾向性问题早发现早纠正，对失误错误及时采取补救措施，帮助干部汲取教训、改进提高，让他们放下包袱、轻装上阵。

要正确区分容错与避错。严格区分改革创新中因缺乏经验、先行先试导致的工作失误与不作为、乱作为、失职渎职及以权谋私行为，坚决反对消极腐败，防止激励变纵容、保护变庇护。严禁打着改革创新旗号搞劳民伤财的“政绩工程”“形象工程”，坚决惩治借改革创新之名徇私舞弊、贪污受贿、假公济私以及严重侵害群众利益等行为。申请容错纠错认定的干部，要认真调查、科学分析。要容“为公无意为之、遵纪守法、集体决策”等带来的过失，不容“为私有意为之、违法乱纪、个人妄为”等违纪违法行为。对已认定予以容错的，由实施问责机关及时启动纠错程序，限期整改，使过失者真心地认错、悔错、改错。对整改不力或不良影响继续蔓延的，根据情节轻重，采取批评教育、诫勉谈话等措施；对拒不整改、造成严重后果的，按照有关规定从重问责。

“惟其艰难，方显勇毅；惟其笃行，才弥足珍贵。”健全激励机制和容错纠错机制意义重大，它会坚定广大领导干部改革创新的决心，为敢担责、能干事的干部撑腰打气，营造“鼓励创新、宽容失败”的浓郁氛围，增加他们推进改革创新的底气。同时，加强对干部在重点领域、重大项目、重点工程、关键环节、重要岗位的日常性监督管理，从源头上防范；加强对干部在任用考察、信访反映、工作督查、巡视巡察、领导干部个人有关事项报告中所发现的问题线索进行分析评判，早发现、早提醒、早防范，最大限度减少和预防在改革创新、干事创业中违纪违法现象的发生。

3. 严肃查处诬告陷害行为

严肃查处诬告陷害行为，及时为受到不实反映的干部澄清正名、消除顾虑，引导干部争当改革的促进派、实干家，专心致志为党和人民干事创业、建功立业。

第一，依法依规保障信访举报、行使监督权。信访举报是纪检监察机关获取信息和案件线索的重要来源，是社会公众对党员干部、行政监察对象进行监督的重要渠道，是人民群众参与党风廉政建设和反腐败工作的重要形式，是监督执纪问责的第一道程序，是党内监督和群众监督相结合的重要途径。领导干部要认识到，人民监督是人民的权利，作为公权力，必然要受到监督。谁的工作做得不好，有投诉是很正常的事情。谁损害了别人的合法权益，别人去维护自己的合法权益，这也是很正常的事情。2022 年 2 月，中共中央、国务院印发《信访工作条例》。各地区各部门要把握新时代信访工作原则和要求，践行以人民为中心的发展思想，完善信访工作责任体系，把党中央关于信访工作的方针政策和决策部署落到实处。

1996 年，中央纪委、监察部发布的《关于保护检举、控告人的规定》明确规定，任何单位和个人有权向纪检监察机关检举、控告党组织、党员以及国家行政机关、国家公务员和国家行政机关任命的其他人员违纪违法的行为。任何单位和个人不得以任何借口阻拦、压制检举、控告人依法进行的检举、控告。任何单位和个人不得擅自追查检举、控告人。按照《中国共产党党内监督条例》的规定，党员应当本着对党和人民事业高度负责的态度，积极行使党员权利，履行监督义务：加强对党的领导干部的民主监督，及时向党组织反映群众意见和诉求；向党负责地揭发、检举党的任何组织和任何党员违纪违法的事实，坚决反对一切派别活动和小集团活动，同腐败现象作坚决斗争。党组织应保障党员知情权和监督权，鼓励和支持党员在党内监督中发挥积极作用。提倡署真实姓名反映违纪事实，党组织应为检举控告者严格保密，并以适当方式向其反馈办理情况。对干扰妨碍监督、打击报复监督者的，依纪严肃处理。《信访工作条例》第十八条规定，任何组织和个人不得打击报复信访人。所以，在实践中要保障实名信访举报人的合法权利。从保密角度，具体要求做到最基本的几点：一是对署实名信访举报者的姓名、工作单位、家庭地址、举报内容等情况，必须严格予以保密；二是调查人员调查过程应在不暴露署实名信访举报者身份的情况下进行；三是下转署实名信访举报件时，不转原件，不与其他信访件混转，要在转办单上注明“保护举报人”字样；四是未经署实名信访举报人同意，不得公开举报人的有关情况；五是不得宣传报道对有功人员奖励。对不属于纪检监察机关受理范围的署实名信访举报，要及时向举报人说明情况，提出可行性建议，并及时协调、督促或转有关单位办理。对署实名信访举报事项经查证属实，使违纪违法者受到应有的惩处，为国家、集体挽回或减少损失较大的有功人员，应按照奖励举报有功人员的规定给予奖励。对举报人员所反映的问题属实的，并且为集体和国家挽回经济损失的，可以从经济上给予奖励，这样人民的监督意识就会更加强烈。要切实维护和保障署实名信访举报者的合法权益不受侵犯。任何单位和个人都不得歧视、刁难、压制、报复署实名信访举报人。对打击报复构成违纪的，要追究纪律责任；构成犯罪的，要移送司法机关依法处理。

第二，严肃查处诬告陷害行为。诬告，就是无中生有地故意捏造错误或犯罪事实向党政机关、执纪执法机关控告，意图使他人受到错误的纪律处分、刑事处罚或在其他合法权益方面受到损害。换句话说，就是故意捏造他人错误或者歪曲事实，向党政机关、组织或者领导干部作虚假告发，意图使他人权益受损、影响选拔任用甚至受到纪律处分和法律追究的行为。从本质上说，诬告是一种极端个人主义的卑劣行为，是政治品格低劣、道德品质沦丧、挟嫌报复的阴暗心理的集中表现。诬告者都是从自身利益出发，为了达到个人目的而不择手段地陷害、报复他人。主要包括：通过来信、来访、电话、短信、网络等方式捏造歪曲事实进行恶意举报的；指使、唆使、胁迫、雇佣他人或者假借他人名义捏造歪曲事实进行恶意举报的；将道听途说、捕风捉影得到的不实信息，直接或经过个人加工后向有关单位恶意举报的。

要准确区分诬告和误告、错告的界限。对于因为不了解情况而误告、错告的，应以宽容和包容，而不是借机去压制群众的举报热情。对于动机不纯的诬告陷害，要严格工作规定追究责任。对认定有诬告陷害行为的人员，列入负面清单，作为选拔任用、评先树优、考核考评、社会诚信等工作的重要参考。根据有关规定和事实情节进行处理处分，对党员干部、公职人员视情节轻重给予相关党纪政纪处分、组织处理；违反有关法律法规的，由公安机关给予治安管理处罚，或移交司法机关依法处理。对通过诬告陷害获得的不当利益，予以取消、撤销、收缴或者宣布无效。受处理人对原处理决定不服的，可以按照有关规定申请权利救济，其间不停止原处理决定的执行。要狠刹诬告陷害歪风邪气，注重抓源头预防、抓教育引导、抓制度建设，将反对和抵制诬告陷害行为转化为广大干部群众的思想自觉、行动自觉。同时，要以人性化和制度化的方式对受诬告者给予弥补。

按照《关于新形势下党内政治生活的若干准则》的要求，“对受到诽谤、诬告、严重失实举报的党员，党组织要及时为其澄清和正名”。在查实后，应该对受诬告者在职位晋升、经济收入、社会声誉和其他方面因诬告而遭受的损失进行评估，然后给予不同形式的补偿。对受诬告者的个人前途负责。坚决杜绝有的干部受到举报后，有些地方领导部门由于缺乏担当精神，惯常的处理方式是先“暂存”，把被举报人“挂起来”，对举报事项模糊处理，甚至“宁可信其有，不可信其无”，人选先撤下来放一放。支持和鼓励受诬告者主动维权。除了党和国家相关部门要严惩诬告者之外，遭诬告者也应积极保护自己的权利。树立强烈的权利意识和法律意识，拿起法律武器维权。

·案例链接·

宁夏：

坚持正确选人用人导向 营造良好政治生态

坚持正确选人用人导向，是严肃党内政治生活的组织保证。只有抓好选人用人这个导向，才能以用人环境的风清气正促进政治生态的“山清水秀”。宁夏回族自治区始终坚持好干部标准，使选出来的干部组织放心、群众满意、干部服气，努力营造良好政治生态。

突出政治标准，强化“核心意识”的考量识别。坚持把干部政治标准放在首位，绝不能放松。把理想信念坚定不坚定、对党忠诚不忠诚，坚持“四个意识”特别是核心意识、看齐意识强不强，是不是与以习近平同志为核心的党中央保持高度一致作为考量干部的“试金石”，准确识别干部的政治觉悟、仔细甄别干部的政治素养、认真辨别干部的政治表现。作为民族地区，还要坚决贯彻落实习近平总书记关于民族地区干部“三个特别”的要求，把树立正确的祖国观、民族观作为硬杠杠、硬条件，把干部坚持“五个认同”“三个离不开”的现实表现作为第一标准，大力选拔明辨大是大非立场特别清醒、维护民族团结行动特别坚定、热爱各族群众感情特别真挚的干部。

突出实干导向，健全“干事创业”的选用机制。以事择人、依岗选人，围绕事业发展调兵遣将、排兵布阵，坚决破除视野不宽、求全责备、论资排辈的倾向，多渠道多领域发现、识别、储备干部，及时把好干部发现出来、使用起来。结合宁夏脱贫攻坚的繁重任务取消对贫困县 GDP 考核，将脱贫攻坚考核权重由 7% 提高到 45%，注重在脱贫攻坚第一线考察识别干部，对那些长期在贫困地区一线、实绩突出的干部给予表彰并提拔使用。落实中央关于推进领导干部能上能下的若干规定和宁夏的实施细则，制定《关于支持干部干事创业建立容错纠错机制的办法》，旗帜鲜明为敢于担当的干部担当，为敢于负责的干部负责，让那些敢破敢立、敢闯敢试的干部心无旁骛谋改革、甩开膀子干事业，大力营造勇于改革、敢于创新、允许试错、宽容失败的社会氛围。

突出从严要求，织密“严之又严”的监管体系。一要坚持管理全面不留“盲区”。把干部培养、选拔、考核、使用、管理、奖惩作为一个系统融入干部工作全过程，把公道正派作为干部工作核心理念贯穿选人用人全过程，做到全视野选人、全过程管理、全方位监督。二要坚持标准严格不打“折扣”。始终把好干部标准作为选人用人的基本遵循，把“三严三实”“忠诚干净担当”作为管理干部的重要准则，发挥好各级党组织的领导把关作用，严格按政策、原则、制度办事。三要坚持环节衔接不断“链条”。宏观层面重点解决重培养、轻管理，重使用、轻监督，重激励、轻惩戒等问题；中观层面严把选拔程序关、资格条件关、用人纪律关等关键关口；微观层面抓好《党政领导干部选拔任用工作条例》规定的各个具体环节，防止随意变通、程序空转。四要坚持措施配套不挂“空挡”。近年来，宁夏制定了《关于加强干部选拔任用工作监督的实施意见》，建立完善领导班子和领导干部综合分析研判、干部交流、实名推荐、全程纪实、“双向约谈”等制度，着力补齐干部考核评价机制不健全、干部日常管理监督机制缺位、干部激励保障机制建设滞后等短板。五要坚持责任分明不走“形式”。明确并严格落实党委主体责任、党委书记第一责任人责任、纪委监督责任、组织部门直接责任，强化责任追究力度，确保干部选拔任用和管理监督责任落到实处、见到实效。

（摘编自《中国组织人事报》2016 年 11 月 28 日）

案例分析

事业兴衰，唯在用人；用人之要，重在导向。有什么样的用人导向，造就什么样的干部队伍。宁夏回族自治区坚持正确选人用人导向，突出政治标准，强化“核心意识”的考量识别，坚持把干部政治标准放在首位。突出实干导向，健全“干事创业”的选用机制。以事择人、依岗选人，多渠道多领域发现、识别、储备干部，及时把好干部发现出来、使用起来。突出从严要求，织密“严之又严”的监管体系。明确并严格落实党委主体责任、省区市党委书记第一责任人责任、纪委监督责任、组织部门直接责任，强化责任追究力度，确保干部选拔任用和管理监督责任落到实处、见到实效。宁夏回族自治区将忠诚、干净、担当作为“座右铭”，珍惜组织提供的干事平台，倍加珍视人民寄予的深切期望，奋发有为、真抓实干，努力书写中国特色社会主义建设的崭新篇章。

第十章

发挥好干部考核机制的激励鞭策作用

·政策背景·

2019 年 4 月，中共中央办公厅印发《党政领导干部考核工作条例》。《党政领导干部考核工作条例》以习近平新时代中国特色社会主义思想为指导，落实新时代党的建设总要求和新时代党的组织路线，为做好新时代干部考核工作提供了基本遵循。

干部考核是坚持和加强党的全面领导、推动党中央决策部署贯彻落实的重要举措，是激励干部担当作为、促进事业发展的重要抓手。《党政领导干部考核工作条例》的颁布实施，对于进一步发挥干部考核的指挥棒、风向标、助推器作用，激励引导广大干部以更好的状态、更实的作风贯彻落实党中央决策部署，推动全党统一意志、统一行动、步调一致前进，具有重要意义。各级党委（党组）要深刻领会党中央精神，切实履行主体责任，把《党政领导干部考核工作条例》学习好、宣传好、贯彻好。要旗帜鲜明把政治标准贯穿干部考核工作始终，突出对党中央决策部署和习近平总书记重要指示批示贯彻落实情况的考核，确保各级党政领导班子和领导干部在政治立场、政治方向、政治原则、政治道路上同以习近平同志为核心的党中央保持高度一致。要把区分优劣、奖优罚劣、激励担当、促进发展作为干部考核工作的基本任务，进一步调整优化考核内容指标，改进考核方式方法，强化考核结果运用，最大限度调动广大干部的积极性、主动性、创造性，推动树立讲担当、重担当、改革创新、干事创业的鲜明导向。

·实践探索·

干部考核机制，对干部起着导向作用、鞭策作用和激励作用，是党的干部工作的重要环节。正向激励就是要从精神和物质上激发广大干部的干劲，可以提振干事创业精气神，充分调动和激发干部的积极性、主动性、创造性，争当群众“主心骨”和“领头雁”。我们党历来重视教育、培训、选拔、考核和监督干部。党的十八大以来，习近平总书记对干部考核工作提出了一系列新理念新思想新要求，为进一步做好干部考核工作指明了方向，提供了根本遵循。进入新时代，干部“干什么”“怎么干”有了新的更高要求，干部考核“考什么”“怎么考”需要从制度层面作出调整。1998 年印发的《党政领导干部考核工作暂行规定》和 2009 年印发的《党政领导班子和领导干部年度考核办法（试行）》，对规范干部考核工作发挥了重要作用，但已经不能完全适应新时代的要求。经党中央同意，中共中央办公厅印发《党政领导干部考核工作条例》，这对推动解决当前干部队伍和干部考核工作存在的突出问题，激励引导广大干部以更好的状态、更实的作风带头贯彻落实党中央决策部署和习近平总书记重要指示批示，推动全党统一意志、统一行动、步调一致前进，具有重要意义。

一、如何设置干部考核的科学指标

党的二十大报告强调，完善干部考核评价体系。考核评价体系是考核工作的“蓝本”，是客观公正地认定实绩和识别干部的关键。也就是说，设置科学合理的领导干部考核评价体系是整个领导干部考核工作的关键环节，是考准、考实、考公平领导干部的基础和依据。

第一，体现差异化要求。领导干部可以划分为党委、人大、政府、政协、监察审判检察机关和群团机关、事业单位等各类，因而干部考核一方面是注意考核对象的差异性，另一方面是主体的差异性。干部考核往往涉及很多部门，每个部门又具有不同的工作特点。在对干部进行考核的过程中，要坚持共性内容和个性内容相结合。根据《党政领导干部考核工作条例》，领导干部考核内容主要包括：一是德。全面考核领导干部政治品质和道德品行。考核领导干部的政治品质，重点了解坚定理想信念、对党忠诚、尊崇党章、遵守政治纪律和政治规矩，在思想上政治上行动上同以习近平同志为核心的党中央保持高度一致等情况。考核领导干部的道德品行，重点了解坚守忠诚老实、公道正派、实事求是、清正廉洁等价值观，遵守社会公德、职业道德、家庭美德和个人品德等情况。二是能。全面考核领导干部履职尽责特别是应对突发事件、群体性事件过程中的政治能力、专业素养和组织领导能力等情况。三是勤。全面考核领导干部的精神状态和工作作风，重点了解发扬革命精神、斗争精神，坚持“三严三实”，勤勉敬业、恪尽职守，认真负责、紧抓快办，锐意进取、敢于担当，艰苦奋斗、甘于奉献等情况。四是绩。全面考核领导干部坚持正确政绩观，履职尽责、完成日常工作、承担急难险重任务、处理复杂问题、应对重大考验的情况和实际成效。考核党委（党组）书记的工作实绩，首先看抓党建工作的成效，考核领导班子其他党员领导干部的工作实绩应当加大抓党建工作的权重。五是廉。全面考核领导干部落实党风廉政建设“一岗双责”政治责任，遵守廉洁自律准则，带头落实中央八项规定及其实施细则精神，秉公用权，树立良好家风，严格要求亲属和身边工作人员，反对“四风”和特权思想、特权现象等情况。在德、能、勤、绩、廉指标体系中，既要重视能和绩的考核，也要重视德、勤、廉的考核。其中，德、勤、廉是对党委、人大、政府、政协、监察审判检察机关和工青妇等群团组织的共性要求，可以设立统一指标；能、绩是个性指标，因部门职责不同而不同。必须根据不同职务、不同区域、不同岗位的工作特点、性质和要求，进一步细化、量化考核内容和指标，将德、能、勤、绩、廉尤其是工作实绩划分成明确具体的子项目，采取评分制与等次制的方式进行细化、量化考核。

第二，改进考核方式方法。干部考核要着眼于破解考核工作表象化弊端，注重看全面、看本质、看主流、看关键，准确地对领导干部进行考核。干部考核使用最多的方法是听取述职报告、民主评议、个别谈话以及研究数据报表、查阅资料、民意调查等。这些干部考核的方式方法是中国共产党在长期探索中逐步形成的，应该加以坚持。尤其是 4 个主要方法：一是民主测评。民主测评是领导干部考核工作走群众路线的具体体现和有效形式，便于干部群众真实地表达自己的意见。通过民主测评，可以了解领导干部在干部群众中的认可情况，民主测评由考核机构根据考核要素设置考核评价要点，向测评对象的上级、同级和下属等征求考核意见。二是民意调查。民意调查是领导干部考核工作扩大民主、进一步加大群众的参与度、增加考核信息量的一种新的方法，也是民主测评的延伸。民意调查与民主测评相结合，可以更全面地了解领导干部在干部群众中信任、满意程度的基本信息。三是个别谈话。个别谈话在民主测评、民意调查的基础上进行。通过谈话双方互动交流，了解领导干部的行为表现、个性特点和心理素质等情况。四是实绩分析。实绩分析是了解领导干部执政作风、执政能力和德才素质的重要手段和依据。领导班子和领导干部的“绩”在反映领导班子和领导干部方面具有特殊重要的作用。在实践中，要综合运用这些方法，必须与时俱进，加以改革完善。同时，要针对考核工作中出现的新问题，继续探索新的科学有效的考核评价方法，如建立干部日常情况信息库，把在日常检查、专项调查、民意测验、民主生活会等活动中得到的信息统一归档，有条件的地方可以建立相关数据库，让这些平时收集到的日常情况信息在考核过程中发挥作用。要采用科学的考核方法。例如，实行动态考核法，即在领导干部日常工作和活动中进行全过程跟踪考核，根据领导干部在一定时期内所做的工作，每项工作进展如何、效果怎样，用量化标准逐项考核并计算出其所做工作的“总分”。只有与时俱进地综合运用这些方法，才能得出更加科学的结论。

第三，增强考核的科学性、针对性、可操作性。在设计考核内容和指标时，能定量的尽量定量，减少模糊、空洞，做到客观、精确；对于无法定量考核的，要设法提高考核项目的可比性，最大限度地减少主观随意性。比如，对于民主测评、民意调查等，应采取定性评价的方式；对领导干部的实绩考核，则应采用定量考核的方式，实行评分制；对于最后的综合考核，则必须坚持定性与定量相结合得出结论。要根据形势和任务的需要，适时对考核内容标准进行调整。考核内容在一定范围和一定时间内要保持相对稳定，发挥长期效果，杜绝短期行为；同时，要根据时代发展的需要，调整、补充新的内容和要求，具有一定的前瞻性和动态性。各类考核指标要科学分配权重，根据考核内容的不同将考核指标划分为共性指标和个性指标，在注重工作实绩的基础上要兼顾其他考核指标。尽量减少考核中人为因素和主观随意性过大对考核结果客观真实性的影响。对考核指标进行量化，既要克服考核指标过于简单、原则过于抽象、大而化之的问题，又要克服考核指标过于烦琐、分析计算过于复杂、不利于操作的问题。

二、如何完善干部考核机制

在中国共产党的历史上，对干部的考核在不同时期有不同称呼，在新民主主义革命时期称为“审查”，新中国成立之后称为“考察”和“鉴定”（有时叫“考核”），直到1983年才统称为“考核”。

干部考核是一门科学，也是一门艺术。干部考核机制，对干部起着导向作用、鞭策作用和激励作用，是党的干部工作的重要环节。对干部的考核工作，就是通过相应程序和方法，对干部业务素质和履职情况进行考察、核实、评价，并将考核结果作为加强干部管理和任用、奖惩的依据。干部考核是干部工作的一个重要步骤，它由诸多要素构成，是一个相对独立的工作系统。干部考核的各个要素基本上可以分为考核主体、考核内容、考核方法和考核结果运用。领导干部工作的性质具有鲜明的时代特征，因此干部考核工作必须坚持与时俱进，考核必须与社会的进步与发展保持统一，必须立足于实践。马克思主义理论要求应从实践中来、到实践中去，领导干部考核同样需要立足于党政管理工作、为民服务和推动发展上。

干部考核是“指挥棒”“风向标”，考核是选拔任用干部的重要基础、管理监督干部的必要手段。干部工作的核心任务是选准用好干部，而选准用好的前提是把好考核关。建立科学完善的干部考核机制意义重大。一是有利于加强和改进干部的选拔任用。干部考核结果为干部选拔任用提供了依据，为进一步全面准确地认识和把握干部的德才情况，扩大选人用人视野，为优秀人才脱颖而出提供了条件。科学的干部考核工作有利于全面贯彻落实干部队伍革命化、年轻化、知识化、专业化的方针，坚持德才兼备、以德为先，坚持事业为上、公道正派，把那些政绩上靠得住、工作上有本事、作风上过得硬的干部选拔到各级领导岗位上来。二是有利于从严管理领导班子和领导干部。加强干部队伍建设，不能仅靠思想政治教育解决好世界观、人生观、价值观问题，还必须靠严格的干部考核机制来保证。从严管理领导干部，必须发挥考核的导向和约束作用，进一步建立完善体现新时代发展要求的考核机制，强化干部监督约束，有针对性地教育管理干部。三是有利于加强干部队伍作风建设。考核机制的完善就是通过考核干部的德、能、勤、绩、廉等各方面情况，提高干部思想认识，对干部作风形成刚性约束，从而促进工作作风的改进。考核机制的完善可以激励先进、鞭策后进，引导干部把精力用到鼓实劲、干实事、创实绩，增强干部队伍的生机和活力。四是能够发挥干部考核的导向作用，把各级干部的工作热情和积极性调动起来，充分发挥他们的聪明才智，同时通过奖惩结合逐步减少甚至消除消极不作为现象，这样就能把各方面力量都汇聚到全面建成社会主义现代化强国上来，汇聚到实现中华民族伟大复兴的中国梦上来。

中国共产党始终坚持从实际出发，根据不同时期的形势和任务，不断加强和改进相关制度，经过一系列的探索和改革，初步形成了比较适应社会主义现代化建设实践的干部考核机制。但也存在一些问题，主要表现在：多头重复考核；考核信息不够全面。一般工作中仅开展了年终考核，对平时考核、重大项目、重点工作跟踪考核等开展较少；成果运用不平衡。一些地方干部考核与任用管理存在“两张皮”现象，没有将考核结果运用到领导班子和干部队伍建设中。换句话说，就是考核主体构成不够合理，考核标准不够科学，考核的方法程序不够严谨、考核结果运用不到位、考核的民主化科学化不足。因而，要适应新时代新任务新要求，完善干部考核机制，切实解决干与不干、干多干少、干好干坏一个样的问题。

在总结各地区各部门实践经验的基础上，《党政领导干部考核工作条例》首次明确干部考核主要包括平时考核、年度考核、专项考核、任期考核 4 种方式，按照以平时考核为基础、年度考核和任期考核为重点、专项考核为补充的思路作了总体设计。

平时考核侧重于对领导班子日常运行情况和领导干部一贯表现进行经常性考核。为了做到可操作、能坚持，该条例明确平时考核主要结合领导班子和领导干部日常管理进行，考核的方法、考核结果的确定可以灵活多样，重在及时肯定鼓励、提醒纠偏。

年度考核侧重于以年度为周期对领导班子和领导干部进行综合性考核。根据年度考核推行时间长、覆盖范围广、基础比较扎实的实际情况，该条例对年度考核的方法步骤等作了统一规范，进一步发挥年度考核在干部考核中的作用。

专项考核侧重于对领导班子和领导干部在完成重要专项工作、承担急难险重任务、应对和处置重大突发事件中的工作态度、担当精神、作用发挥、实际成效等情况进行专门考核。专项考核是近年来干部考核工作的一项重要创新，具有机动灵活、针对性强的特点，为组织部门围绕中心、服务大局提供了一个新的抓手。为鼓励大胆创新，该条例对专项考核一般应当经过的程序步骤作了规定。

任期考核侧重于对实行任期制的领导班子和领导干部在一届任期内总体表现进行全方位考核。考虑到换届考察和年度考核已经有比较成熟的做法，为防止多头、重复考核，该条例规定任期考核一般结合换届考察或者任期届满当年年度考核进行。

三、如何分析反馈干部考核的结果

正确运用考核结果，发挥考核导向激励约束作用是设置考核制度的本来目的，关系到整个考核工作的权威性和生命力。所以要强化考核结果运用，将其作为干部选拔任用、评先奖优、问责追责的重要依据，使政治坚定、奋发有为的干部得到褒奖和鼓励，使慢作为、不作为、乱作为的干部受到警醒和惩戒。

考核结果只有在运用中才能真正体现价值、发挥作用、得到检验。要以激励理论为指导，注重将考核结果运用到干部工作的各个环节，通过考核结果的正确运用，形成广大领导干部升降合理、奖罚分明，褒有章、贬有据，出干劲、出活力、出实绩的良好导向。要把考核结果与干部选拔任用挂钩，把考核结果与调整不胜任干部挂钩，把考核结果与培养锻炼干部挂钩。例如，对年度考核为“优秀”的领导干部，应给予褒奖和重用，并宣传他们的先进业绩，给予必要的物质奖励，组织上应当优先安排提拔重用。对年度考核为“称职”的领导干部，要在充分肯定他们成绩的同时，加强思想政治工作。对年度考核为“称职”并有较强工作能力的领导干部，组织上可以安排其交流到适当岗位锻炼使用。对年度考核为“基本称职”，且在某些方面表现十分突出、有特殊能力和潜质的领导干部，可根据需要提拔到适当的领导岗位上。对年度考核为“不称职”的领导干部，要明确指出其存在的问题和失误，给予“黄牌警告”。对连续两次年度考核为“不称职”的领导干部，应视具体情况，根据法定程序作出相应的组织处理。对以权谋私，或跑官要官、买官卖官的，要坚决查处；对工作能力差、不胜任现职的，要根据情况培训提高，或调整到相应岗位；对不思进取或投机取巧、制造虚假政绩的，要严肃批评并给予必要的组织调整；对性格有缺陷、心胸不开阔、心理适应能力差的，不能提拔任用，已经在重要工作岗位上的，要调整到其他岗位上去。

领导干部考核结果为加强领导干部的教育、管理、监督、激励与约束提供了科学的依据。建立健全考核结果反馈制度，是领导干部教育、管理及选拔任用不可缺少的重要环节。加强考核结果反馈，可以引导干部发扬成绩、改进不足，更好忠于职守、担当奉献。

考核结果的反馈是干部教育的一种重要形式和途径。考核机关通过民主测评、民意调查、个别谈话和实绩分析，比较准确地了解掌握了领导班子和领导干部的成绩和不足。在此基础上，指出领导干部的优缺点乃至存在的问题，领导干部整改能对症下药，突出了教育内容的针对性，比平时泛泛地表扬或批评效果更好。由于考核工作的权威性和考核结果反馈工作的特殊氛围，领导干部对反馈的意见一般能够心悦诚服地接受，说明它有利于领导干部振奋精神，激发斗志，端正行为，改进方法，把工作做得更好。考核结果的反馈有利于提高考核工作质量。一方面，可以对考核的组织者及其成员起到督促、提高的作用；另一方面，实施考核结果的反馈有助于检验考核评价结果的真实性和准确度，乃至可以起到纠正错误、弥补不足的作用，使考核评价结果更全面、更准确。

领导干部考核结果的反馈，应遵循一定的原则。一是思想政治教育原则。把认真细致的思想政治工作贯穿考核结果反馈工作的始终，使考核结果的反馈成为领导干部想政治工作的一部分。二是激励原则。考核结果的反馈重在激励，公正评价和肯定领导干部，激发他们奋发向上的工作热情，引导他们积极主动、创造性地履行职责，不断改进工作。三是警戒原则。从关心爱护领导干部出发，反馈缺点和不足，给予指正和警示，及时制止和防范领导干部的不规范行为和苗头性、倾向性问题，将其解决在萌芽状态。

因此，应及时反馈考核意见，通过集体讲评式（召开考核评价结果反馈大会）、民主生活会、个别谈话等形式把考核结果反馈给被考核的领导干部。在反馈结果的问题上，要严格遵守考核工作纪律。考核结果的反馈，要从党的事业出发，出于公心，敢于坚持原则，善于做好思想政治工作，不轻描淡写，不回避矛盾，努力使领导干部通过反馈在思想认识上得到一次净化和升华。还要抓好反馈后整改措施的落实。要把考核结果公布于众。只有把干部的政绩和各方面的表现公布于众，让人民群众加以评论、监督和取舍，才能使那些优秀人才显露才华，脱颖而出。只有这样，才能使那些目无法纪、滥用职权、以权谋私、贪赃枉法的行为无处藏身。要进一步提高考核结果的透明度，及时把通过各种途径、采取各种方法以及由不同的考核主体对干部作出的最终考核结果向群众公开，征求群众意见，接受人民监督。

·案例链接·

山东：

激励干部出真招：破格提拔　向基层一线倾斜

对比中共中央办公厅印发的《关于进一步激励广大干部新时代新担当新作为的意见》，《中共山东省委关于进一步激励广大干部新时代新担当新作为的实施意见》（以下简称《实施意见》）地域色彩更浓、内容更加详细具体，也更具可操作性。

《实施意见》秉承中央文件精神，内容则更加详细，作出具体可操作性的规定。例如，在鲜明树立重实干重实绩的用人导向方面，中央文件提道："大力选拔敢于负责、勇于担当、善于作为、实绩突出的干部""让那些想干事、能干事、干成事的干部有机会有舞台""对个性鲜明、坚持原则、敢抓敢管、不怕得罪人的干部，符合条件的要大胆使用"。在中央意见的基础上，山东创新性地提出："表现特别优秀或者工作特殊需要的，可以按照规定破格提拔""对那些在下一级地方党政正职岗位干事创业、实绩突出、特别优秀的干部，可以直接提任上一级党政正职"。在发挥考核评价的激励鞭策作用上，山东提出："对评选出的'担当作为好干部'和'干事创业好班子'主要负责同志，优先提拔使用。对年度考核连续3年确定为优秀等次，符合任职资格条件的干部，优先提拔使用。"山东还明确提出物质奖励："把考核结果作为物质奖励的重要依据。根据综合考核、绩效考核等情况，对地方领导班子和机关单位按照比例划分考核等次，按规定差异化给予物质奖励。奖励方案应体现奖优奖勤，可奖励到个人。”

《实施意见》很多内容具有鲜明地域色彩。例如，在党性教育方面，提出:“用我省丰富的历史文化和革命文化资源加强干部队伍建设，充分发挥沂蒙、胶东党性教育基地和济宁干部政德教育基地等的作用，大力弘扬沂蒙精神，传承红色基因。”《实施意见》还结合山东当前工作内容对干部“开展专项考核，注重在推动高质量发展和建设现代化经济体系、推进新旧动能转换重大工程、实施乡村振兴战略、经略海洋、保障和改善民生、打好三大攻坚战等重大任务一线考核识别干部”。

《实施意见》明确提出启动实施“年轻干部递进培养计划”，加大年轻干部培养选拔力度，进一步优化干部队伍结构，提升适应新时代现代化强省建设的能力。《实施意见》还提出对优秀年轻干部跟踪了解表现情况。2018 年 6 月 29 日，中共中央政治局召开会议审议《关于适应新时代要求大力发现培养选拔优秀年轻干部的意见》。会上强调，以大力发现培养为基础，以强化实践锻炼为重点，以确保选准用好为根本，以从严管理监督为保障，健全完善年轻干部选拔、培育、管理、使用环环相扣又统筹推进的全链条机制，形成优秀年轻干部不断涌现的生动局面。

《实施意见》力争在政策、待遇等方面向基层倾斜。规定“积极为基层干部‘松绑减压’，明确乡镇权责界限，理顺乡镇与县级部门之间的工作职责，做到权责对称、协调配合”。在选拔干部上也予以倾斜，规定“长期在基层一线、艰苦岗位埋头苦干、成绩显著的干部，优先提拔使用”。为此，《实施意见》规定，对经批准确需在工作日之外加班、值班的，按照规定予以调休，不能调休的给予加班误餐补助。允许有条件的地方提高乡镇工作补贴标准，推动实现乡镇干部收入高于同职级县级机关干部。这些倾斜是 2017 年 10 月山东省委省政府印发的《关于激励干部担当作为干事创业的意见（试行）》所没有的。

（摘编自大众网 2018 年 8 月 6 日）

案例分析

《实施意见》突出了地域色彩，内容详细具体，操作性较强。《实施意见》创新性地提出："表现特别优秀或者工作特殊需要的，可以按照规定破格提拔"。山东更具有鲜明地域色彩，开展专项考核，注重结合当地特色项目中表现优异的好干部。年轻干部递进培养计划，加大了年轻干部培养和选拔的力度，进一步优化干部队伍结构，提升适应新时代现代化强省建设的能力。同时，在政策、待遇等方面向基层倾斜。这些创新性的政策从精神和物质上激发广大干部的干劲，充分调动和激发干部的积极性、主动性、创造性，促进优秀干部争当群众"主心骨"和"领头雁"。

后　记

没有好的作风，就跑不好新时代的接力赛，跑不出发展的加速度，就闯不出高质量跨越式发展的新路子。以自我革命精神推进作风革命、加强机关效能建设工作，是贯彻落实党中央决策部署的具体体现，是推动全国各地高质量跨越式发展的现实需要。当前，面对加快发展的迫切任务和使命，我们必须振奋精神、激发斗志、释放活力，以自我革命的精神破除思想积弊、陈规陋习，以抓铁有痕的力度改进作风、提升效能，把好传统带进新征程，将好作风弘扬在新时代。

本书注重规范性、准确性、操作性、程序性和实用性，对广大机关干部和基层一线工作者在实践中所需的各方面相关知识，以及如何正确处理和解决机关效能建设工作中可能遇到的各种问题等作了比较全面、具体的论述，既“通天线”，又“接地气”。鉴于机关党建工作的复杂性和基层工作政策性强的特点，作者在撰写本书时，既严格依据相关法律法规、中央相关会议精神、党和国家领导人相关讲话精神，又展现了实践中已经形成的好经验、好做法，还提供了一些典型案例，以彰显本书的实用性。

本书由张荣臣提出写作框架并统稿，王启超负责各章内容的撰写。中共中央党校（国家行政学院）博士研究生史会景，济南大学硕士研究生袁淼淼，中共山东省委党校（山东行政学院）硕士研究生张耀文、石雨钒、董慧聪为本书的资料完善、引文核对等做了大量工作，特表示感谢。本书在写作过程中参考了一些期刊文章、宣传文献、学习资料、新闻报道，恕不一一列举，一并表示感谢。

作　者

2023 年 1 月